生きるのが下手な人へ

世渡り下手だけがもつ魅力

紀野一義

文響社

どうしても他人と
調子を合わせられない人。

騙されても騙されても
騙す側に回れない人。

働いても働いても
お金がたまらない人。

人に頼むことが苦手で
くたびれ果てる人。

一生懸命やる割には
人に良く思われない人。

本書は、世渡り下手な
あなたのための本です。

まえがき

『生きるのが下手《へた》な人へ』というタイトルはまことに奇異である。人によっては「畜生め！」と思うであろう。人によっては「おれのことか」と思うであろう。「おれのことか」と思う人は、この本をあけてみたいという衝動に駆られるであろう。そういう人に、私はこの本を読んでほしいと思う。「畜生め！」と思う人には、よけいに読んでほしいと思う。

人、おしなべて、生き方は下手であると、私は思う。私などその最《さい》たる者である。上手《じょう》手《ず》に生きたと思われる人でも、本当は下手なのではないか。いや、人間の生き方には上手も下手もない。ただそれぞれの生きざま、死にざましかないのではないか。

ともあれ、生き方の下手な人とは、「どうしても他人と調子を合わせてゆけぬ人」「うまく立ち回れずいつも恥をさらしてしまう人」「働いても働いても金のたまらぬ人」「一生けんめいやるわりには人によく思われぬ人」「人に頼むことが苦手でいつも自分でやってしまい、くたびれ果てる人」「しょっちゅう人に騙《だま》されている人」「おべんちゃらの言えぬ人」「騙されても騙されても人を騙す側に回れぬ人」「してやられてばかりいてもその相手を悪く思えぬ人」「どこやらいつも抜けている人」等々、この世知辛《せちがら》い世の中では、まず落第生、劣等生、無能者、不器用、と片づけられてしまいそうな人のことである。

私自身、上手に立ち回ることなど夢にもできず、恥をさらしてあるいた人間の一人であるゆえ、編集部は眼をつけたのであろう。「こういう本は、生きることの上手な人が書いたんでは、お説教になって、いやみですからね」という口上であった。

なるほど私は金箔《きんぱく》つきの生きることの下手な男なのであろう。そんなものかとしばし己《おのれ》を眺《なが》め、つらつら考えて、やはりそうなのだと思い定め、書くことを引き受けたのである。

私は、生きるのが下手な人間のほうが、神さまや仏さまに近いところにいると思っている。生きることの巧みな人間は、人間としたらかなり低いところにいるのではないか。社会的に虚名を博することと、いるところが低いこととは、うまく比例しているのではないか。社会的にきわめて著名ながら、猜疑《さいぎ》心、虚栄心、嫉妬《しっと》心強く、男でありながらでき損《そこな》いの女の如《ごと》く陰湿な人間がなんと多いことか。それにくらべて、わが生きるのが下手な人々の、なんと明るく、屈託がなく、金がなく、単細胞で、一途《いちず》であることよ。私は文句なしに生きるのが下手な人間が面白いと思い、好きだと思う者である。

この本、生きるのが下手な人々の典型として現代人十二人、昔の人十二人を最初に選んでみた。昔の人々の中には、息子《むすこ》に手を焼き、愛欲に身を灼《や》いた親鸞《しんらん》や、栄誉を頑強《がんきょう》に拒絶しつづけた道元《どうげん》や、茨《いばら》の道を歩き通した日蓮《にちれん》や、孤独な遍歴者一遍《いっぺん》や、愛欲を昇華した一休《いっきゅう》や、待って待って待ち抜いた日陰者の蓮如《れんにょ》や、七十で切腹する羽目になった利休《りきゅう》など錚々《そうそう》たる強者《つわもの》が並んでいたのである。しかるに、書き進むうちに皆抜け落ちて、現代の人間ばかりとなってしまった。多少念が残っているが、こうなる運命だったのだろうと、自らなぐさめている。

人間、生きていることが救いである。貧乏もよし、挫折《ざせつ》もよし、恥をさらすもよい。生きているではないか。生きている以上、生き抜かなくてはうそである。生き抜く以上、明るく、屈託なく、自他ともにせいせいと気持ちよく生きなくてはうそである。

最後に、この本では、引用文もふくめて、漢字は新字体を使った。また、かなづかいは、引用文にかぎり、新・旧二つをその時々に使い分けていることをお断わりしておきたい。

紀野《きの》一義《かずよし》

目次

第二章

生きたいように生きる

第三章　きびしく鮮烈に生きる

第一章

放り出して生きる

私は今、多摩川《たまがわ》の土手のすぐそば、狛江《こまえ》市に住んでいる。三カ月ほど前に、二十数年住みなれた四谷《よつや》から引っ越して来たのである。その時、実に大量のがらくたを処分した。そして、きれいさっぱりとなって狛江の里に引っ越したのであるが、それでもまだ、こんなものがというものがまぎれこんで来ていて、呆《あき》れるのである。

人間は、どうでもいいようなものを後生《ごしょう》大事に抱えこんできて、現世も後生もみんな台なしにしてしまうような気がする。家柄、面子《メンツ》、男の意地、財産、家、肉親、義理、名誉、等々、大して器量もないくせに、いい恰好《かっこう》しようとするから、どうしてもこんなものが要《い》るようになる。そして、手も足も出ないように縛《しば》られてしまう。馬鹿な話だ。金がありすぎて親子兄弟仲が悪いのなら、金なんぞどこかにやってしまえばいいではないか。義理に縛られて毎日愚痴ばかりこぼしているのなら、そんな義理なぞ放り出してしまえばいいではないか。ちゃんと動けるようになってからもう一度やり直せばいい。それでは顔が立たないというのなら、立つ顔か立たぬ顔か、立てるほどの顔かどうか、鏡の前でよく見るがいい。立てなくてはならぬほどの立派な顔がそんじょそこらに、たくさんあるわけはない。

この章には、捨てる話ばかり三つ集めてみた。なんといっても捨てっぷりの鮮やかなのはフーテンの元祖の普化《ふけ》。これにくらべると、山頭火《さんとうか》も、放哉《ほうさい》も、暁烏敏《あけがらすはや》も、まだまだ粘っこい。それでも、われわれのような腰抜けよりは、はるかに徹底している。迷いながらも、どんどん捨てていっている。人によく思われようなどという色気は、さすがに、みんな、なくなっている。

われわれはさしずめ、この「人によく思われたい」「いい人だという評判が立ってほしい」「いい先生と呼ばれたい」などという、気色の悪いしろものを、まず放り出すことからはじめなくてはならぬだろう。

生きることが下手《へた》なままでいいことはない。誰でも生きることが上手《じょうず》になるはずもない。自分として十分納得《なっとく》のゆく生き方で生きたいということだけのことである。今納得のゆく生き方をしておかないと、後生はいよいよあわれなことになる。後生大事に、まず放り出すことである。

雪ふる逢《あ》へばわかれの雪ふる

——放浪の俳僧、山頭火

妻を捨て、家を捨て

季題を無視し、五七五の形式を無視する自由律の俳句を始めた荻原井泉水《おぎわらせいせんすい》の「層雲」の同人に、種田山頭火《たねださんとうか》という禅僧と、尾崎放哉《おざきほうさい》という堂守とがいた。この二人は、句作の力量においても、その奇行においても、ずば抜けていた。

二人とも、世間の常識でいえば人生の落伍者《らくごしゃ》である。生きることの下手な人間の典型のような人物である。山頭火は日本全国を放浪して歩き、放哉は海の見える寺やお堂の堂守をして歩いた。二人とも酒が好きで、酒で身をあやまったといってもいい。しかし、二人とも、社会的には全く存在価値のない人間になったおかげで、私心・私利・私欲というものがついでになくなり、きらりと光るものが見えて来るようになった。句が光っているのも道理である。

昭和四十二年に私が『遍歴放浪の世界』（ＮＨＫブックス）という本を書き、この二人をその中にとりあげた時は、この二人を知る人は一般にはきわめてまれであった。

それが、その後数年で急にブームになって、特に山頭火は、しばしばメディアをにぎわした。そうなると一躍有名人になるのが、この日本というおっちょこちょいの国の悪いところである。山頭火など、名前を知られぬほうがよい。本人も有名になることなど願うまい。どだい、人生の離脱者なのであって、そういう人はそっと眠らせておいてあげればよいのである。

山頭火の旅にしても、旅が好きだからしたとは思えぬふしがいくつかある。どうにもできないなにかに促されて旅したのである。非業に死んだ母の、成仏していない魂に追われて旅したといってもよい。もともと暗い旅なのである。金もひまもある人間が真似することはない。

山頭火を気取って旅する若者は、行く先々の寺で山頭火が母の冥福《めいふく》を祈って歩いたことを知っているであろうか。行く先々の寺で般若心経《はんにゃしんぎょう》を唱え、合掌し、祈ることをやらなくては、それでもまだ安心できないことに思いをいたさなくては、山頭火の旅がわかるわけはない。

山頭火の親友大山澄太氏の計算によると、山頭火は八年の間に一万一千六百里（編注　約4万5000キロメートル）歩いたことになるという。長いようでも八年間である。年をとってからそんなに歩けるものではない。

山頭火が出家したのは大正十四年三月、四十三歳の年であった。得度《とくど》の師は熊本報恩寺の望月義庵《もちづきぎあん》師である。そのころ熊本には一代の禅傑沢木興道《さわきこうどう》師がいて禅風を鼓吹《こすい》していた。

山頭火はこの師のところへ行ったこともあるのに、この人を師とはしなかった。人間には相性というものがあり、また、出来損いの人間向きの師がちゃんとあるのである。沢木師は自分自身どうしようもない性格や環境があっても、すさまじい意志の力でそれを超《こ》えていった人である。いわば楔《くさび》型、直進型の行動人である。この師に感化された人には、どういうわけか知識人やエリートが多い。出来損いどもはついてゆけなかったのであろう。山頭火のような男がついてゆけるわけがない。

人生に絶望し、自分に愛想がつきていた山頭火は熊本市の公会堂の前で泥酔して電車の前に大手をひろげて飛びこんだ。自殺する気だったのかもしれぬ。急停車し、将棋倒しになった乗客たちに袋叩きにあおうとした山頭火を見つけた知人が、群集の中から引きずり出して、報恩寺へ連れていってくれたのである。望月師は、理由も問わず、名も問わず、咎《とが》めもせず、泊めてくれ、食を給してくれた。その絶対受動性そのもの、柔軟心そのものの温かさに出来損い山頭火は打ちのめされたのである。

まもなく山頭火は美しい妻を捨て、家を捨てて報恩寺に入り、掃除・坐禅《ざぜん》・看経《かんきん》に明け暮れるようになった。やがて植木の町外れの味取《みとり》観音堂の堂守となり、大正十五年四月、飄然《ひょうぜん》としてこの観音堂を去り、長い長い放浪の旅に出ていったのである。

迷いはいよいよ深く

山頭火が最初に出ていった道は阿蘇山の南を東西に走る道である。それも、大山氏の言によると、高森線の北を東西に走る大きな道ではなく、線路の南を東西に走る細い街道を歩き、南に下って馬見原に出、津花峠を越えて三田井《みたい》のほうに出ていったのであった。三田井のすぐ近くに、高千穂峰《たかちほのみね》や国見岳《くにみだけ》がある。このあたりはまことに山また山が波のように連《つら》なったところである。その山並を越えてゆきながら山頭火は、

　　分け入つても分け入つても青い山

と歌った。山の奥深く入るというだけではない。心のひだの奥へ奥へと分け入るという気持ちもあったのだろう。自分で自分の心がわからなくなるということがある。心の中は、どこまで分け入っても青また青。迷いに迷い、どこまでも、どこまでも漂い流れてとどまるところを知らないのである。その漂泊の想いが山頭火を旅に駆り立てる。その旅は迷いの旅であった。

　昭和四十七年の夏に、私の主宰している真如会《しんにょえ》で夏の三泊研修会である高野山結集《こうやさんけつじゅう》というものをひらいた時、会員の一人でフォーク歌手の三浦久《みうらひさし》君が参加して「山頭火」を歌ってくれた。三浦君の歌はすべて自分で作詞作曲したユニークなものである。その哀調をおびた、単調な、しかも深くたゆたうもののある歌の調べは、三百人近い若い人々の心

を魅了しつくした。参加した若い母が家へ帰って口ずさんでいたら、二つになる女の子がすぐに覚えてしまったほどである。

三浦君は歌のあいまに旅の話をした。彼もまた放浪の詩人であるから、旅の心は他の人よりもはるかに深くわかるのである。

彼は言った。旅というものはしたほうがよいか。しないほうがいいか。老子は「旅なんかしたってしようがない、家におればいい」と言った。フランスの文人モンテーニュは「旅をしたほうがいい。賢い人は旅をすることによってもっと賢くなる。愚かな者は旅をすることによってもっと愚かになる」と言った。山頭火は旅をすることによって賢いところはいよいよ賢くなり、愚かなところはいよいよ愚かになった。三浦君はそう言った。

私は三浦君の指摘したとおりだと思う。山頭火の最初の旅は、迷いがいよいよ深くなってゆくような旅だったのであろう。

人間はさとりをひらいたり、迷いから解放されたりするのにはいろんなタイプがある。しかし大きく分けて、迷いを完全になくしてさとりに至る人と、迷いが迷いのままでいてしかも迷いでなくなるというさとりとの、二通りがあると思う。

才能のすぐれた、強烈な意志の人は、自分の力で迷いを克服してさとりというところへゆく。沢木興道師がよき例である。しかし、そういう意志力のない人は、やろうとすればするほどそれが迷いになる。ぬかるみに車輪を取られた自動車のように、エンジンを吹かせば吹かすほど、いよいよぬかるみにのめりこんで、出られなくなるのである。
そのような人は、その迷いに徹するよりほかはない。第一その道はどうしても行かねばならぬ道なのである。右へ行ったり左へ行ったりできるのなら問題はない。しかし、その道を行くしかないのである。それゆえ山頭火は、

この道しかない一人であるく

と歌う。道はただ一つである。入ったらおしまいなのである。それゆえ山頭火は、もう歩けなくなるまで歩いた。歩いていなくては倒れてしまうからである。

逢うも雪の中、別れるも雪の中

山頭火の句には雪の句が多い。雪ふる冬の日もただ歩きに歩いたからである。

雪ふる逢へばわかれの雪ふる

この句を読むと私は、中国唐《とう》時代の禅者龐居士《ほうこじ》のことを思い出さずにはいられない。居士が修行を終えて山をおりる時、雪が降ってきた。すると居士は、

「好雪片々《こうせつへんぺん》、別処《べっしょ》に落ちず」

と言った。

この時、見送りにきていた朋輩の禅僧が、

「別処に落ちずとせば、何処《いずこ》に落ちるや」

と訊いた。馬鹿なことを訊いたものである。居士はやにわにその男の頬《ほお》げたに一撃くらわした。その僧は怒って「乱暴するな」と言った。

居士は、「おまえ、そんなことでよく禅客といえるな、閻魔《えんま》さんは、おまえのような者を赦《ゆる》しはせんぞ」と言った。気の毒だがおまえ、もうお迎えが近いな、もうろくしたな、というのである。

この雪は無量の雪である。「無数の雪」と「無量の雪」では天地の違いがある。無数というのは、一つ、二つ、三つと数がふえていって無数になるのである。しかし、無量というのは、数としては数えることができない。一つの大きなひろがりとしてあるのである。無量とは一にして多なのである。その一にして多の世界のことを、好雪片々といった。それは仏さまのいのちのことを指している。仏さまのいのちは、この美しい雪と同じであり、それが一つ一つ別の処に落ちない、というのであるから、一人一人別な命を生きているようではあっても、本当は、一つの大きな、永遠ないのちそのものなのだ、ということなのである。

龐居士はこの一句に別離断腸の思いを托《たく》した。今別れたら、生涯逢えぬかも知れぬ。しかし友よ、どこへ行っても、われらの行きつく処はひとつ、仏のいのちの中なのだ。生きていても仏のいのちの中、死んで行く先も仏のいのちの中、行くところはひとつ、別処ではないのだよ、と、自分に言いきかすように言った。その心を、友は理解できなかった。ゆえに、「別処に落ちずとせば、何処に落ちるや」と問い返した。これでは殴られても仕方がない。殴ったのは龐居士の大悲心である。居士は切なかったろう。

さてこの雪の世界は「無量寿《むりょうじゅ》・無量光《むりょうこう》」という名前を持つ阿弥陀《あみだぶつ》仏の世界である。法華経の「仏寿無量《ぶつじゅむりょう》」の世界である。それを中国風に表現すると、「好雪片々、別処に落ちず」となる。しかし、日本人山頭火は、「雪ふる逢へばわかれの雪ふる」という。

私たちを会わしめるのも雪、別れさせるのも雪、すなわち、仏さまである。それのわからぬ人は、会った時は「仏さまのおかげ」などというが、別れの時は仏さまのことなど忘れ果て、「誰がおれたちを別れさせるんだ」と喚き立てる。誰でもない、仏さまなのである。会うも別れるも同じこと、雪にはじまり、雪に終わる。満目雪の中で人は会い、そして別れる。人と別れたそのあとに何があるのか。満目、ただ雪、雪、雪、これが日本人の世界である。

雪へ雪ふるしづけさにをる

降りしきる雪の上にさらに雪がふる。雪をしてふらしめるものがある。絶えまなくふらしめるものがある。そのことを思うと粛然《しゅくぜん》たらざるを得ぬ。しいんと澄み渡る世界がある。人間の小さな思惑《おもわく》など無視して雪は降りに降るのである。その雪におおわれた山々の上を遠く遠く鳥がわたってゆく。

遠く遠く鳥わたる山々の雪

日本人の心の世界では、人の魂を運んでゆくものは鳥であった。死んだ時、自分の魂を鳥が天に運んでいってくれると古代の日本人は考えたのである。ゆえに天武《てんむ》天皇の皇子で、謀反の疑いをかけられた大津皇子《おおつのみこ》は自殺する時、邸前の池に鳴く鴨《かも》にわが命を託《たく》した。日本武尊《やまとたけるのみこと》の御陵《みささぎ》から白い鳥が飛ぶと、尊の命が飛んだと考えられた。

鳥がわたるとは、わが魂が渡るのである。

私は終戦の翌年に南方から帰還したが、ふるさとの町広島は原爆に灼《や》かれてすでになく、行くところのない私は姉の嫁いだ先、岡山県の山の中の町、津山というところに一年間住んだ。町の中央にかつて城のそびえていた城山という山がある。私は毎日のようにこの山に登り、高い城の石垣の突端に腰をおろして、はるかに海の波のように連なる山々を眺めたのであった。

津山から鳥取のほうに出てゆく街道の左手はるかに丸く高くそびえる美しい山がある。那岐《なぎ》山という山で、この地方では一番高い山である。

冬になると、那岐山の上に最初に雪が降る。那岐山の頂きが真っ白になると、その雪が村へ、町へとしだいに降りて来るのである。

那岐山という名前を知ってから私は、城山に登ると、いつもこの山を眺めていた。さびしかったのである。父も母も、姉も妹も、愛《いと》しい人も、すべては原爆の閃光《せんこう》の下で死んでいった。やりきれない想いが根深く私の心をおおって、どうにもやり場がなかったのである。それゆえ、あくことなくこの山を眺め、そのうしろにつらなる山々を眺めつづけたのである。

人生山脈、ただ茫々

の思いが、私の胸をしめつけた。

秋が終わり、冬が来て、ある日、那岐山の上が真っ白になった。真っ白に雪を置いた那岐山の上を、遠く遠く鳥の渡ってゆくのが見えた。私の心はその時、凍りついた。

先頭の鳥は父と母、つづいて姉、妹、今は亡き人々が鳥となり、一列になって天のあなたへと飛んでゆく姿に見えたのである。ひとりとり残されたという寂寥《せきりょうかん》感に居ても立ってもおられぬ想いと、さびしさの底からひろがってくる寂光浄土の想いとが交錯して、私は動けなくなった。

後年、山頭火のこの句「遠く遠く鳥わたる山々の雪」を見た時、私はうなった。なんという男だろうと思った。私が千万言ついやしても言い得ぬその日の想いを、この男はわずか十八字の中にすらりと歌いのけていた。

この句は、

遠山の雪も別れてしまつた人も

の句につらなる。人の思いは、究極において常に同じなのである。人をして会わしめ、人をして別れさせるものが雪であるとするなら、遠山の雪は仏さまそのものである。われわれを動かしている永遠なるものがある。その永遠なるものに動かされている時、人は、生き別れ、死に別れしても、恨みを残さず、念を残さない。ゆえに、「別れてしまった人」というのである。しかし、念は残さないけれども、しかもなお、どうしているかなあと思いやるのである。山頭火にはそれがある。凡夫であり、出来損いであるからである。しかし思いやる心のなんと温かいことか。悟りきった人間の冷たさと違う、凡夫の温かさがある。

句の世界に生きる者は、一カ所に滞ると、句作の世界にいられなくなる。しかし、情念がないと句は出てこない。ゆえに、執着して執着せずというところがなくてはならない。その淡々として、どこやら濃厚なところが日本人の生き方であった。山頭火という人はその性格をことに深く持ち、その世界をかくすところなく歌い上げていったのであった。

風の明るさ暗さをたどって

執着を捨てるために山頭火は旅に行った。しかるに、旅すればするほど執着は深くなった。濃く淡く、あるいは太く、あるいは細く、執着はいつまでもいつまでもつづいていったのである。

山頭火には風の句も多い。風の句で私の好きなのは、

風の明暗を行く

である。「風の明暗をたどる」という句もあるが、この句は取らない。そういう世界もあったろうが、やはり山頭火は、風の明暗を行く、でなくてはならぬ。風に明暗があるなどといった詩人は山頭火ぐらいのものではないか。明るい風、暗い風、明るい風のうらに暗

い風がある。ひとつの風の表と裏といってもよい。風の中を行くかぎり、風の明暗にふれないわけにはゆかない。

風は歴史の跫音《あしおと》であるという。時間というものの過ぎ去ってゆく跫音である。風はまた、愛の近づいてくるしるしという。風はまた、心が空しい時、心の中の空洞を吹き抜けてゆくものであるという。

明るい風は永遠なるものにつながっており、暗い風は人間や死につながっているものである。山頭火は仏の呼び声に誘われるようにして、風の中を山を越え、野を越えて行った。風の中で、しみじみうれしいと思うこともあったろう。風の中で、せつない思いに胸のふさがるようなこともあったろう。そのいずれもが、どうしても通って行かねばならぬ道であった。死すべき人間である限り、明るい風の中ばかりを行くわけにはゆかぬのである。

山頭火はまた、

山から風が風鈴へ生きてゐたいと思ふ

と歌った。これが、風の明暗を行き、人生の明暗を行く禅僧山頭火の情念である。これは、中国の禅僧のからりとひらけわたった心境とは全く違う、湿気の多い、情にほだされやすい日本人の情念である。

中国の禅宗第十七祖の僧伽難提《そうぎゃなんだい》と、弟子の伽耶舎多《かやしゃた》とが対座している時、一陣の風が吹いて来て、風鈴が鳴った。その時、師が問うた。

「風の鳴るとやせん、鈴の鳴るとやせん？」

弟子はすぐに答えた。

「風鳴にあらず、鈴鳴にあらず、わが心鳴る」

師はすかさず問うた。

「心はまた何ぞや」（わしが訊《き》いたのは風であり、鈴である。どうしてそこへ心なんぞが出て来たのだ）

弟子は澄ましてこう答えた。

「倶《とも》に寂静《じゃくじょう》なるがゆえに」

これではわからない。道元《どうげん》禅師がこれに対して「寂静とは三昧《ざんまい》なり、無為なり」という註釈《ちゅうしゃく》を加えておられる。「三昧」とは、そのものになりきること。「無為」とは、人間くさいはからいのないことである。この註釈に従って読めば、風は人間に鈴の音を聞かせるために吹いているわけではない。風は風でただ吹いているだけ、鈴は鈴になりきってただ鳴り、心は心になりきってただ鳴っている。それぞれが独立して、しかも交響し合っている、というのである。

この、いかにも中国的な、からっとした、乾いた発想に対して、山頭火の発想はいかにも日本的であり、情的であり、ウエットである。

山から風が風鈴へ。風はどこから吹いて来るのか。それは山から来るのである。山は山頭火にとっては仏さまである。ゆえに風は仏さまから来る。仏は、生かしてやりたいと思う者の耳に風鈴の音を送る。そのために風をして吹かしめるのである。山頭火はその風鈴の澄んだ音を聞き、卒然《そつぜん》として、生きていたい、と思うのである。

人間に、生きていたいという気持ちを起こさせる、ことに、死にたいと思い、生きていても仕方がないと思いこんでいる者に生きたい、生きていたいという気持ちを起こさせるのは、大きなことや、すばらしいことではない。そんなものではなくて、むしろ、小さなことである。川べりに咲く小さな花や、小川のせせらぎや、澄んだ風鈴の音が、人の心に微妙な感動を呼びさまし、生きていたいと思わしめるのである。

しかし、山頭火は、一方において、風鈴の音を聞いて生きていたいと思うのに、また一方においては、

風鈴の鳴るさへ死のしのびよる

という。山頭火をして、生きていたいと思わしめた風鈴の音が、ある時は死を誘う風鈴となるのである。

救われて仏とひとつというところにいるかと思うと、全く救いのないみじめなところへ

転落してしまう。いい時はすばらしくいいが、悪いとなるとまたすばらしく悪くなる。これが山頭火であった。

山頭火をすばらしいと鑽《たた》える人は、このすばらしくいい時の山頭火をさらに拡大して見ているのであろう。山頭火などくそみそにいう者は、山頭火のすばらしく悪い時の姿が眼に灼《や》きついて離れないからであろう。

そのどちらも山頭火を捉《とら》えたことにはならない。そしてそれはひとり山頭火だけのことではない。人間誰しもそういうところがあるのではないか。いい時は実によく、悪い時はなんともどうしようもないところが。

しかし、最近の日本人は変にずる賢くて、実にいいところも見せず、さりとて、どうしようもなく悪いところも見せるわけではなく、平均的人間として、あちこち波風を立てず、愛想笑いを絶やさず、揉《も》み手《て》しながら、するすると鰻《うなぎ》かどじょうのように生き抜いて行くのである。気色が悪いというのほかはない。

山頭火はそんな生き方はまっぴらだったので、ついに一乞食僧《こつじき》として生涯を終えたのである。

さらけ出して生きる

山頭火と同じように、変わり者の句作者である尾崎放哉は、朝鮮で生命保険会社の社長をしていたが、部下に欺《だま》されて会社を追われた。その後、満洲（中国東北部）を放浪して体をこわし、日本へもどってくると、妻と離別して一燈園《いっとうえん》に入った。なかなかの硬骨で、一燈園の主宰者西田天香《にしだてんこう》師が「あなたは、会社にいたことがあるから経理のほうをやってもらいましょうか」と言ったら、「経理をやるのがいやだからここへ入って来た人間に、また経理をさせるとは、目のない男だ」と言ったという。それぐらいのすね者であるから、一燈園にもあきたらず、各地を転々と寺男をして歩いた。海が好きだったので、海のそばは離れないのである。放哉の文にこういうのがある。

「猶茲《なおここ》に、海に附言しまして是非共ひとこと聞いて置いていただきたい事があるのでありま す。私が、流転放浪の三ヶ年の間、常に、少しでも海が見える、或《あるい》は又《また》海に近い処にあるお寺を選んで歩いて居りましたと云ふ理由は、一に前述の通りでありますが、猶《なお》一つ、海の近い処にある空が、……殊更《ことさら》その朝と夕とに於《おい》て……そこに流れて居るあらゆる雲の形と色とを、それは種々様々に変形し、変色して見せてくれると云ふことであります。勿論《もちろん》、其の変形、変色の底に流れて居る光りといふものを見逃す事も出来ません。之は誰しも承知して居る事でありますが、海の近くで無いとこいつが絶対に見られない事でありま す。私は海の慈愛と同時に此の雲と云ふ曖昧模糊《あいまいもこ》たるものに憧憬《あこが》れて、三年の間、飄々《ひょうひょう》乎《こ》として歩いて居たといふわけであります。それが、この度《たび》、仏恩によりまして、此庵《このあん》に落ち着かせていただく事になりまして以来、朝に、夕に、海あり、雲あり、而《しか》も一本の柱あり、と申す訳で、況《いわ》んや時正に仲秋、海につけ、雲につけ、月あり、虫あり、是《こ》れ年中の人間好時節といふ次第なのであります」

これだけ海が好きなくせに、海の風は大きらいな放哉であった。海があれば激しい風が吹くのはあたりまえであるのに、海も雲も大好きだが、冬の海の風は大きらい、と言うところに放哉の屈折した心象がうかがわれて面白い。

小豆島の南郷庵《なんごうあん》での生活の記録に『入庵食記』があるが、ほとんど連日、風に対する嫌悪の情が記されている。

17　ヨイ天気　風ナシ　頗《すこぶる》ヨシくくく
18　風ナシ　ヨイ気持也　但《ただし》　曇
19　雨　寒シ　但　風ナキ故ニ　一番ヨロシ（夜ニ入リ風大ニ出ル　イヤダく）
21　風　風　烈風《れっぷう》　烈風　暴風又暴風
22　風　風　烈風……
　　ナント云フ処ダロウ？　驚キ入ル、イツモ、海ノ上ニ居ル様也
23　風　風　烈風　暴風……

25　風少シ落ツ　但寒シくく
26　風落チタ様也
　　ヤレく長イ風デアッタ……


この日記は風の日記といったほうがいいくらいである。風が落ちると機嫌が良くなり、風が吹き出すと機嫌が悪くなる。放哉の住んでいた小豆島は冬になるとすさまじく風が吹くので、風嫌いな放哉にとっては堪《たま》ったものではなかったろう。

それだけに放哉の風の句には、かなりずっしりとした重みのものがある。

須磨寺の堂守をしていたころの句に、

　ただ風ばかり吹く日の雑念

とある。風が吹くと、放哉の心の中の空洞を空しさという風が吹き荒れる。雑念が群がり起こって、自分がどうにもならなくなる。外は風ばかり、心の中は雑念ばかりという日が幾日も続くのである。

そこで観音経を必死で読む。念彼観音力《ねんぴかんのんりき》、念彼観音力と唱えるが、風音はやまないままで夜に入る。暗黒の中を風が吹き荒れるのである。

念彼観音力　風音《かざおと》のまま夜となる

こういう日々を何年もの間送って来た放哉が、南郷庵で到達した心境は、

風に吹かれ念仏申して居る

であった。吹くものはどんなことがあっても吹かずにはおかない。人間の力を越えて吹くのである。雑念のほうもどう押さえても起こるものは起こる。彼はついに、風に吹かれるまま、雑念群がり起こるまま、念仏申して居る、というところへいった。そうするよりほかなかったのである。

放哉はこの南郷庵で、

山は海の夕陽をうけてかくすところ無し

と歌った。

この時、山は放哉である。海の夕陽は仏さまである。大好きな海の夕陽の前に自分をさ

らけ出す。いいところも、悪いところもみんな仏さまに見せてしまうということである。

結局人間は、悪いところは直し、いいところはそのままにして、仏さまのようになろうとしたってそうはゆかぬ。いいところも、悪いところも仏さまの前にさらけ出す、あるいは、信じた人の前にさらけ出してもいいという所へ腹をすえるほかはないのではあるまいか。

無明《むみょう》の闇《やみ》が、無明のままに輝く
——盲目の念仏僧、暁烏敏《あけがらすはや》

天の人にして地の人

人間には「天の人」と「地の人」とがある。天の人は立派で、地の人は賤《いや》しいということはない。ひとしく人であり、ひとしくかなしい存在なのである。

天の人は陽の人といっていい。これに対して、地の人は陰の人である。天にかかわるものはすべて陽に属し、地にかかわるものはすべて陰だからである。この世界は陰と陽とのバランスの上に成立している。陽のみでもだめ、陰のみでもだめ、その両方がつり合っていることが大切なのである。しかし、そのつり合いはなかなかうまくゆかぬのである。

私のところに、ころころとよく太って、ころころ、げらげらとよく笑う底抜けに明るいY子という子がよく来て、みんなに好かれている。みんなY子を底抜けに明るい女の子と認め、あんなに明るくなりたいなどというのであるが、このY子の一見、底抜けに明るいと思われる心の底には、どうしようもない暗い陰の世界があって、時折Y子は収拾がつかなくなるのである。そういう時は夜中、私の部屋の電話が鳴ることになる。この間もY子は電話をかけてきて、「今度先生のところで思いきり泣いていい？」と言った。「いいよ、いつでも」と答えたら、「フヘヘヘ」という泣き笑いのような声が返って来た。彼女はさびしく、かなしいのである。不器用な彼女はそういう時、ころころ、からからと笑うのである。彼女は天の人にして地の人なのである。

親鸞《しんらん》は人間を凡夫と捉え、煩悩具足《ぼんのうぐそく》といい、蛇蝎奸詐《だかつかんさ》といい、極重悪人《ごくじゅうあくにん》といった。これはいずれも陰そのものである。

私は瀬戸内海の海辺に育った。これは陽そのものである。私の見るところ、瀬戸内で育った男はその心底にどこかパアなところを蔵している。私という人間に少々締まりがないのはそのためである。したがってまた私は、よく、陰の人に惹《ひ》かれるのである。

人間が「蛇蝎奸詐」となるのは、無明《むみょう》に支配され、煩悩に動かされるからである。人間が生きているという根底に無明があると仏法では考える。無明は滅しなくてはならぬという。しかし、無明が人間の命の根底にあるのに、無明を滅したりしては人は死ぬほかはないのではないか。

ここで私は、暁烏敏という人物を思い出さずにはいられない。この人の名は、仏教を齧《かじ》ったことのある人たちの間に二つの反応を引き起こす。ひとつは、まことになつかしそうに「暁烏先生ですか」というタイプであり、もうひとつは、吐いて捨てるように「暁烏敏なんて生臭坊主じゃないですか」というタイプである。面白いのでかなり多くの人に訊いて反応を見たところ、後者のほとんどが暁烏敏の書いたものを読んでおらず、その行状も知らず、ただ感情的に嫌っていることがわかった。しかも、人間的にあてにならぬいい加減な人物がほとんどであったのは注目に値した。いい加減な、というのは、過去に人を欺し、人に迷惑をかけているにもかかわらず、それをかくし、それを恥じる心がまるでないことをいうのである。すなわち、要領のいい、世渡りのうまい、抜け目のない人間が、ひどく暁烏敏を嫌うのである。それは地の人暁烏敏が自分の恥をさらけ出して歩いたその生きざまに恐れを抱いているからにほかならない。

体裁をつくろわぬ人

私が暁烏敏の名を聞いたのは、昭和十七年に東京大学印度哲学科に入学して最初の歓迎コンパに出席した夜のことである。

私の席のまん前に、度のきつい近眼鏡をかけた神経質そうな二年生がすわっていた。彼は私を凝視するように見て、突然訊いた。

「あんた、何という名前？」

「紀野です」

「あんた何宗？」

「顕本法華宗です」

「なんだ、南無妙法蓮華経か」

えらくはっきりした男である。癪《しゃく》にさわったので訊いてやった。

「あんた、何という名前ですか？」

「私は朝倉だ」

「あんた、何宗ですか？」

「真宗だよ」

「なんだ、ナンマンダブか」

これで朝倉君も、まわりの者も大笑して、すっかりうちとけた。しばらくして朝倉君がまた訊いた。

「紀野君、あんた、誰を尊敬しているかね？」

この質問、いささか険がある。彼が訊いているのは、ドイツの哲学者ヘーゲルとか、ナポレオンとか楠《くすのき》正成《まさしげ》などというしろもののことではない。今生きているお坊さまの中で誰を尊敬しているかなのである。「残念ながらいない」と答えると、「フン」と言った。これが木石心《ぼくせきしん》によるフンであったか、軽蔑のフンであったか私は知らぬ。とにかく癪にさわったのでまた訊いてやった。

「朝倉さん、あんた誰を尊敬しているんです？」

「暁烏敏」

その返事は打てばひびくようであった。待っていたといわんばかりであった。畜生め、と思ったが、私は暁烏にも晩烏にも、まるで知らぬのである。

「あけがらす？」

というと、

「あかつきのからすに、敏速の敏」

と教えてくれた。鮮やかである。今度はよくわかった。そして、一生忘れぬ名となった。

のちに、戦後になって、最晩年の暁烏敏師の話を一度だけじかに聞いた。黒衣盲目の、鑑真和上《がんじんわじょう》によく似た人であった。お付きの人に手を引かれて入堂し、すわった姿が実によかった。終わった時、「では皆さん、ごきげんよう」というなり手をすーっと横に伸ばした。その手をお付きがすっと取る。静かに立って出てゆく姿がさらによかった。私は唸《うな》った。なるほどこれは大したものだと思った。

そのくせ、その時の話はまるで憶《おぼ》えていない。しかし、それまでに読んだ暁烏師の書いたもの全部が、どすんと体の中に納まった。私はそれでよかったのである。

暁烏敏師がいかに馬鹿正直であり、いかに不器用であり、いかに体裁《ていさい》をつくろうことのできなかった人であるかは、「清沢先生へ」という文章を読めばすぐにわかる。この鮮烈な文字は暁烏師四十三歳、清沢満之《きよざわまんし》死して十七年目に書かれたものである。

師の十七回忌にあたって、どうしようもない煩悩具足《ぼんのうぐそく》の凡夫暁烏敏の姿をあからさまにさらけ出した。すさまじく、激しく、深いかなしみを湛《たた》えた文章である。その一節にいう。

一　妻の夜伽《よとぎ》の夜に隣人に対して私は以後妻を迎へざるべしと広言した聖徒の亜流であつた私は、三週間目にはもや女を抱いてゐたのであります。堕落か、罪悪か。地の者が地を歩むことが堕落であるといふか。罪悪であるといふか。堕落と叫び、罪悪と恥づる私が真の私か、女を抱く私が真の私か。堕落と思ひ、罪悪と思ふその心が、或《あるい》は人間の堕落にあらざるか、それこそ罪ではあるまいか。両親の色欲によつてこの世に生まれたる私の身中に色欲の火が燃ゆるのがどうして堕落であらう。この火焔《かえん》が身を焼き、総《す》べての外的なものを払ひのけて赤裸々に顕《あら》はるることがどうして罪悪なのであらう。よしこれが堕落にせよ、罪悪にせよ、私はこの何者でもないのではありますまいか。

一　先生、敏は地の意義であります。

一　かくて私は再婚を決心しました。かうして愛の心の尤《もつと》も傾いてゐた女を迎へて第二の妻としました。それが只今《ただいま》の妻総子《ふさこ》であります。さうです、先生が京都に見えた時に恐らく先生の膝《ひざ》にのせられたことのある女であります。

一　私が再婚してまもなく、ある新聞社から、あれほど先妻の死を悼《いた》んで泣いた君が、それからまだ日も浅いのにどうして後妻を迎へる気になつたかと尋ねてまゐりましたから、私は簡単に答へました。私はまだ色欲が燃えてゐて女が欲しかつたから再婚しました、と答へました。表面上の口実を設けていへば、母の都合とか、家庭の便宜とか、種々の事情もあるが、その第一の原因は私の色欲の満足を買ふ為《ため》といふのが尤も真実に近いのであります。又《また》さうでなかつたら結婚は無意義であります。死んだ妻を回想してをることのできぬほど私には生の欲が燃ゆるのであります。過去を低徊《ていかい》して生きてゐるはかなさに堪《た》へられない私は、新しい生活を始めずにはをられなかつたのであります。

一　かくて今日の私には、やがて救ふて貰《もら》はにやならぬ仏も神もなくなつてしまひましたので、罪も罰もないやうになりました。まことに広い世界であります。無量光明《むりょうこうみょう》土《ど》であります。無量光如来《むりょうこうにょらい》であります。

一　今日の私は宗教家でもない、政治家でもない、学者でもない。只《ただ》一人の人であるばかりであります。規範なく模範なく常に創造の生活をやつてゆくのであります。

一　私は妻の死と、その後の情欲の発露と、母への愛着とによりて、抹香《まっこう》臭い、聖者達の沙汰《さた》し申さるゝあらゆる虚偽の道から出づることができたのであります。

一　その間の心の悩み、痛み、そこにほとばしる火焔《かえん》と閃光、それが文字に凝結したのが今先生の前に捧《ささ》ぐるこの一篇《いっぺん》であります。

暁烏敏とは、こういうまっ正直な、馬鹿正直な、粘液質の人物であった。

人間もともと愚かにして拙《つたな》く

大正十三年にこういう文章を書いていた暁烏敏師は、その翌年にはもう、愛する妻総子《ふさこ》の親友原谷とよと激しい恋に落ちている。

この激しく、せつない恋は、とよが大正十三年十二月二十九日に二十九歳でこの世を去る日まで続いた。とよに注いだ暁烏敏師の愛も真実なら、胸を病む身で力のかぎりこれに応えたとよの愛はさらに真実で透明であった。

彼女の死後、彼女の姉鈴木きよが書いた追悼の記の中の短い一節が、薄倖《はくこう》の佳人原谷とよの愛に殉《じゅん》じた姿をみごとに浮き彫りにして読む者の胸を抉《えぐ》る。

「彼女の思索の黎明《れいめい》期が明けはなれたのは郷里の小松高等女学校に教鞭《きょうべん》をとつてゐた頃《ころ》であります。近くの北安田《きたやすだ》の暁烏先生の教をうけて、次第に彼女の心の芽は育てられました。若い動揺にみちた彼女の魂は師によつて一点の光明を見出すや、生の歓喜に燃え上りました。法悦に輝いた彼女の魂は、白日の下に真裸になつて躍り上つてゐるやうに見えました。そして彼女は孜々《しし》として自らの魂を凝視し、自らの道を掘り下げつつ、専念に歩みました。そこに、かの女が見出した本願の姿は、燃えさかる歓喜と惨《いた》ましい悩みのになひあひたる険しい道でありました。然《しか》し彼女は安易をすて、妥協を排し、苦悩のすべてを忍受して唯《ただ》一すぢにその歩みをつづけました。故里を遠くはなれ一人病躯《びょうく》を抱きつつ、孤独と寂寥《せきりょう》を友として心身ともに堪へがたき重荷を担《にな》ひ乍《なが》ら、彼女の詩そのままに、倦《う》まずたゆまず僻《ひが》まず怯《お》ぢず素直に真向《まっこう》に彼女の白道《びゃくどう》を進みました。その健気《けなげ》な雄々《おお》しい精進の姿をおもふ時、私は慟哭《どうこく》せずにはゐられませぬ……」

薄倖の佳人原谷とよは、愛する師暁烏敏に看護されつつ、「光顔巍巍《こうげんぎぎ》」にはじまる無量寿経歎仏偈《たんぶつげ》を称《とな》え、そのあと念仏称名《しょうみょう》しつつ息絶えたのである。死の直前の彼女の眼前に光顔巍巍たる阿弥陀如来のおん顔は、愛する師暁烏敏の顔そのものであったろう。

この時、暁烏師四十八歳、とよ二十九歳。暁烏師の年は、孔子が「天命を知る」といった五十歳にあと二年という年であった。

師は天命を知るどころか、女の心さえも知らなかったのかもしれぬ。彼女はそのことを師に教えるために現れ、そして死んだのかもしれぬ。

彼女の死後、世の非難と嘲笑は師の一身に集まった。師はたじろがなかった。『歎異《たんに》抄《しょう》』の第十二章に、

「故聖人《こしょうにん》のおほせには、卯毛《うのけ》羊毛《ひつじのけ》のさきにゐるちりばかりもつくるつみの宿業《しゅくごう》にあらずといふことなしとしるべしとさふらひき」

とある宿業感が骨身にしみて感得されたことであろう。男と女とはかなしいものである。そのかなしさがわからぬ者には、愚者の所行と見えようが、人間もともと愚かにして拙《つたな》く、あわれにも業縁ふかきものではないのか。

男と生まれて心底《しんそこ》女を愛したこともなく、女と生まれて心底男に惚《ほ》れぬいたこともない人間こそは、あわれではないのか。

師は明達寺《みょうたつじ》に引きこもり、独り心をこめて大無量寿経を読み直しはじめたのであった。しんしんと体も冷え、心も冷え、冷え果てた寂寥《せきりょう》の底から、

「今生《こんじょう》に、いかにいとほし、不便《ふびん》とおもふとも、存知のごとくたすけがたければ、この慈悲始終なし。しかれば、念仏まうすのみぞ、すえとをりたる大慈悲心にてさふらふべき」

という、親鸞の突き放したようなことばが、しみじみといただかれたことであろう。

原谷とよは、師にこの一句を心から納得させるため、束の間の愛にその身を灼《や》き、灼きほろぼして逝《ゆ》いたのであろう。大正十三年三月十五日の師の歌に、

執《しゅう》の火は解脱《げだつ》に光り空の火は愛にかゞやき世をやかんとす

とある。一周忌の十二月、米原から金沢に向かう寒々とした夜汽車の中で師は歌った。

ふらくと人をこひつゝ人を焼きし野に狂ひ死なんわれをたしなむ
しとやかにみづからの道を生きぬきしみたまのあとの清くもあるかな
つひに世を念仏となへてゆきたりとはたと気のつき念仏するかな

暁烏師と原谷とよとの間に交わされたおびただしい愛の手紙は、年月日、宛先の地名に至るまで細かに遺漏《いろう》なく記して、全集第三部第二巻の三〇〇ページから五五九ページまで、実に二六〇ページにわたってことごとく収録されている。

暁烏師の死の直後にはじまったこの全集刊行の任にあたったのは、総子夫人と、秘書の野本女史の二人である。私は、この愛の記録を残らず活字にして後世に残した総子夫人の心のひろさ、やさしさ、深さに感歎《かんたん》せざるを得ない。

私は昭和四十七年の四月に、金沢のはるか西にある北安田の明達寺《みょうたつじ》を訪れ、総子夫人にお目にかかった。総子夫人は八十歳になられたというが、そのうるおいに満ちた鈴を張ったような眼と、若々しい肌と、軽やかに部屋から部屋へ走る身のこなしの優雅さに驚歎し、夫暁烏師を想う心の深さに打たれた。

夫に死に別れて八十になるこの夫人が、今なお美しい人と呼ぶに値するのは、師が今もなお夫人の心身の中に生きているからである。男として鮮烈に生きているからである。

しかし、この師の生き方は、常識人から見れば八方破れである。決して倫理的ではない。

「愛欲の広海に沈没し」

という親鸞のことばは、この人のためにあるかのように見える。

師は晩年、失明して闇の世界にあった。しかし、無明の闇は、もっと早くから師のまわりに立ちこめていたようである。

師は盲《めし》いてから花の香りを愛し、ことに蘭《らん》の香りを深く愛したという。師をとりまく無明の闇は、そのまま光となり、蘭の香りを発したのではあるまいか。

わかるということが、救われていることやないけ

明達寺を辞したあと、私は、金沢の生んだ洋画家高光一也《たかみつかずや》氏を訪ねた。氏の父君高光大《だい》船《せん》師は真宗の僧であり、暁烏敏師の親友であったと聞いていたからである。一也氏は洋画家として知られているが、実は真宗寺院の住職なのである。

ここで私は、北陸門徒の信心の骨のすわりざまのすさまじさをまざまざとこの眼で見、耳で聞いた。

私を案内してくれた島田夫妻と画伯とは旧知の仲である。私が画伯と暁烏師のことについて、真宗の信心について語りあっている時、不意に島田夫人が話の中に入って来た。

「先生、わかったら救われますの？」

画伯の大きな眼がぎょろりと光った。画伯は島田夫人の顔を凝視しながら、ゆっくりと言った。

「わかるということが、救われていることとやないけ」

「そら、先生のようなえらい人はそうでしょう。わたしらのような業の深い者はそうはゆきません」

画伯の眼はさらに大きくなり、島田夫人の顔をにらむように見据えた。次の瞬間、隣にすわっていた高光夫人のほうを振り向いて、言われた。

「この人はなあ、わたしのパンツ毎日とりかえますのや。それというのはなあ、わたしの尻の穴は年のせいでゆるんでおりましてな、毎日、パンツ、しょびしょびと濡らしますのや。そんな男の、どこがえらいねん」

その声は、終わりになるほど大きく野太くなった。「どこがえらいねん」には、人を押し殺すほどの迫力があった。

私は唸った。なんという恐ろしいおやじだろうと思った。

仏法では「迷い」のことを「漏《ろ》」という。迷いは人間の体から漏れて出る、それも本人の気づかぬうちに漏れて出るから「漏」というのである。

パンツを濡らすものは、まことは、人間の迷いそのものであった。人すべて煩悩熾盛《ぼんのうしじょう》の凡夫、それなのにあんたはわしのことを先生のようなえらい人は、と言う。腕は絵を描き、頭は大学教授ゆえそう言うのであろう、そのえらい男の下着はびしょびしょと漏れ出るもので知らぬまに濡れているのだ、そんな男のどこがえらいねんと突っ放したのである。

しかもそのあとに止《とど》めの一撃が来た。

「人間のすることでないのや。仏さまのことや」

私はもう、唸るよりほかなかった。ほんとうに、なんというおやじだろうと思った。それだけ聞けばもう何もいうことはない。

あとで高光氏の絵を見せていただいた。画集の中に、黒い服を着た気品のある美しい女性の絵にもっとも惹《ひ》かれた。いつも高光氏の絵のモデルになっているお嬢さんである。黒と朱と黄で構成されたその絵の基調色である黒が黒のままに輝いていた。無明の闇が、無明の闇のままで光を発するのだなと、私は閃《ひらめ》くように思った。暁烏師の世界はこれである。それは、親鸞から来た。

大事なものをバアッと放り出す
——虚空に消えたフーテン僧、普化《ふけ》

家財脱去《だっこ》

人生には、今まで後生大事にかかえこんでいたものをある時バアッと放り出してしまいたくなる時期が必ず来る。会社の地位でも、溜《た》めこんだ金でも、カビの生えたような古女房でも、学問でも、ついには一つしかない命でも、バアッと放り出したくなる時が来る。ではみんなその時バアッとやるか、というと、これがやらない。いや、やれない。放り出したあとどうなるかということが心配で、できないのである。

バアッと放り出せたらどんなにいいかと腹の中では思っていても、自分ではできない。そこで代償放出とでもいうか、たとえば山頭火のように、たとえば西行《さいぎょう》のように、バアッと捨てて出ていった人間をなつかしみ、その句や歌を少しく覚えて、自分も放出したような気になり、わずかに自分をなぐさめる。けちな話である。

中国唐代に普化《ふけ》という変わった僧がいた。この人は、「風顚漢《ふうてんかん》」といわれた人である。すなわち、フーテンの寅さん、などというあのフーテンはこの「風顚漢」から来たのである。ふつうの常識では計れないような男のことである。「風狂」ということもある。普化は死んだのち死骸も見えなくなった。完全になにもなくなったので、「全身脱去《だっこ》」といわれた人である。

普化のことをひどくなつかしいと思ったのは今年の正月、仏教書専門の中山書房の主人中山晴夫さんと二人で飲んだ時のことである。この時中山さんはえらいごきげんになり、「これは先生には話してはいけないことになっているんだ」という前置きのあとでとんでもない話をはじめた。大体こういう調子で内緒の話はひろまるのである。その話をきいて私は、自分の全く知らないところで、自分の深くかかわっている人生が展開しているのだなあとしみじみ考えさせられたのであった。その話というのはこうである。

ある青年が中山さんの店にぶらりと入ってきて、じっと書棚を眺めて動かない。たまたま忙しかった中山さんは「あんた、自由にごらんなさい」といって奥へ引っこんだ。しばらくして出て来たら、青年の前に買いたいという本がどさりと積んである。見ると、私の本ばかりだったそうで、「あんた、どうしてこの人の本ばかり買うんです?」と訊いたら、それはこういうわけだと話してくれた。

この人は何が原因か知らないが、どうしても死にたくなった。人間、死にたくなると、厄介なもので、どうしても死にたくなる。

人生には生老病死の四苦があるというくらいで、死ぬのは苦しいはずである。ところが、この人は死にたいのだという。これもまた苦しみの一つであろう。とにかく、この人は死にたくなった。死にたくなる者はこの世にたくさんいると思うが、なかなか簡単に死ねるものではない。それは家やら家族やら財産やら身のまわりの整理をきちんとつけないからである。やるとしても下着をきれいに洗濯しておくという程度であろう。こんなものは整理のうちに入らない。ほんとうに死ぬ気なら、家から財産から親子兄弟の縁にいたるまでみんな切ってしまわなくてはならぬ。これをやらないと、死にそこなった時に帰るところがあるわけで、これでは死に切れるわけがない。

ところが、この青年はほんとうに死ぬ気である。だから、持っているものをみんな整理してしまった。きれいさっぱりとなって、さて、いよいよ死のうかという時に、ふと、最後に美しいものを見て死のうという気を起こした。けりをつけておきたかったのであろう。

それが運の尽きとなるとも知らず、彼は鎌倉へ行った。極楽寺のあたりを歩いていたら仏教文化講座というポスターがはってあった。そのころ私は月に一度、鎌倉のある寺で般若心経の連続講義をしていたのである。彼はふんと思った。どうせ仏教の話をするのだから年寄りがやるんだろうと思ったのである。寺に入ってゆく坂道の下で彼は立ちどまって見ていた。会に参加する人がどんどん坂を登ってゆく。ところが坂を登ってゆくのは年寄りばかりではない。若い人が大勢登ってゆく。そこで一人をつかまえて訊いた。「話する人は年寄りか？」「いいえ、若い人です」。彼は逆に考えた。「若いくせに仏教の話をするなんて、なんだ」。

それで行ってしまえばうまく死ねたのに、因縁というものか、どうも坂の上が気になって仕方がない。とうとう坂を登って寺の中に入った。話を聞いているうちに死ぬのがいやになった。

ついに死ぬのをやめて家に帰ったが、帰ってからえらく難渋《なんじゅう》したという。なにしろ、布団から机から炊事道具から一切合財売り飛ばしてしまったのである。こういうのは「家財脱去」とでもいうのであろうか。ついでに命まですっ飛ばそうとした寸前に、生きようという気になった。それで私の本を集めて読む気になったのである。

死にそこなったら見えてきた

二年ほど前、京都のある青年が、これも死にたくなって吉野へ行き、雨の降りしきる中を大台ヶ原に迷いこんであちこちと死に場所を探《さが》して歩いた。どこで死んでも、よさそうなものであるが、男が立ち小便の場所を探すようなもので、ここという場所がきまらないと、出すに出せず、死ぬに死ねないのである。ところが、この青年は以前に私の本を何冊か読んでいて、そのどれかに「人間、生まれてきたことが救いである。生きているということが救いである」と書いてあったそのことばをなんとなく思い出したのである。さあそうなると、「生きていることが救い」というその文句が耳について離れない。とうとう死にそこなって帰って、私に「先生のおかげで死にそこなった」という手紙をくれた。ちょうど京都に講演に行くことになっていたので、「シルクホールで講演するから会いに来い」と書いてやった。私の話が終わって、会場のうしろの椅子に腰をおろして休んでいたら、会場からまっすぐ私のほうに向かってくる青年がある。小柄な眼鏡をかけた青年である。見るなりすぐに自殺未遂の青年と直感したので、「あんたか」というと、「私ですよ」と、しっかり握手をしたのであった。

この青年は死にそこなったとたんになにかがすっこ抜けた。見るもの、聞くもの、みんな新鮮に見えるようになった。京都の町の夕暮れがことに美しく見え、下宿を出て散歩に行くようになった。すると美しい琴の音のする家がある。なんと美しい音色《ねいろ》かと、たちまち魅了されて、毎日聞きに行った。そのうち、どんな人が弾いているのかと気にかかり、そのうち、その人の顔を見、そのうち話し合うようになり、ついにその人と結婚したのである。私は毎月一度、京都で例会をひらくのであるが、今は夫婦でその会に出席している。生きているということは、なんとすばらしいことであるか。なんにもなくても、生きていること、今ここに充足して生きているということほどすばらしいことはない。しかしこの青年は、本気であらゆるものを放り出そうとしたからこそ、ここまでゆけたのである。

放り出すといえば、最近家を建てた人から手紙をいただいて、「この際だと思い、千数百冊の本を全部整理して、先生の本だけを残し、そばに置きました」と書いてあったのには仰天した。千数百冊の本の一冊一冊に、思い出がこもっているであろうに、その一切を捨てたという。今の私にはとうていできそうもないことを、この人はあっという間にやってのけた。

人間、いざとなると、かなり思い切ったことをやる。ふだん意気地がなく、しっこしがなく、ぐずぐずしているような男を頭ごなしに怒鳴りつけたり、腹の底から馬鹿にしきっているような女房は、深く自らをかえりみるがいい。初々《ういうい》しさありや。美しさありや。女らしい思いやりありや。そんなもののかけらもない、これでも女の部類かと思われるような女が身の程《ほど》も知らず喚き立てていると、ある日、夫は、すべてを放り出し、駆逐するという挙に出《い》でるかもしれぬ。その時悔いても遅いのである。そういう夫だからこそ自分のような女を妻として置いていてくれたのであって、他の男なら鼻もひっかけぬ体《てい》の自分であることを、一切脱去の行なわれぬ先に反省するがいい。

死んで鈴の音が残った

さて、普化であるが、この人の師匠は盤山《ばんざん》という人で、

「三界無法《さんがいむほう》、いづれのところにか心《しん》を求めん」

というすばらしい一句を残している。

この盤山が死ぬ時、「誰かわしの姿を写せる者はいないか?」と言った。弟子どもはみな師匠の似顔絵を描いて持っていった。馬鹿ばかりそろっていたと見える。ところが普化

はなにもしない。盤山が訊いた。

「おまえ、描いたか？」

「はい、描きました」

「なぜ早く見せない？」

すると普化は、もんどり打って外へ出ていった。盤山はあとで、「あの男はこののち、狂人のような様子をして人を導くだろう」と予言した。

この普化は、常に町に出て、鈴を揺り動かして言った。

明頭来《みょうとうらい》や明頭打《だ》、
暗頭来や暗頭打、
四方八面来や旋風打、
虚空来や連架《れんか》打

「表から来りゃ表で打ち、裏から来りゃ裏で打つ。四方八方から来りゃ旋風打、虚空から来りゃつるべ打ち」とでもいうのであろうか。

当時著名の禅僧臨済《りんざい》がこれを聞いて、侍者に命じ、普化の胸ぐらをつかんでこう言わせた。

「一遍に来たらどうするんじゃ？」

普化はその手を突き放してこう言った。

「明日、大悲院でお斎《とき》がありますぞ」

侍者がそのとおりに報告すると、臨済が言った。

「われ従来、この漢《かん》を疑着《ぎちゃく》す」（あの男、前から怪しい奴だと思っていたが、やっぱりそうだったか）

これはほめたのである。「あの野郎、そんなに立派な奴だったか」ということである。

「あの馬ァ鹿野郎め！」といって、からからと笑うとき、それは最大級にほめているのである。それを「馬鹿とは何ですか」というのが現代人。これではどうにもならない。

晩年に普化は町に出て人々に衣を乞《こ》うた。みんな争って布施したが、実は普化は衣など要らぬのである。

普化が町から帰ると、臨済がすでに棺桶《かんおけ》を用意して待っていて、こう言った。

「わしはあんたのためにこの衣を用意したぞ」

普化はこの棺桶を担《かつ》いでふたたび町に行く。そしてこう叫んだ。

「われ、東門に往《ゆ》いて遷化《せんげ》し去らん」（わしは東門に行って死ぬぞ）

さあみんな集まって来て、いつ死ぬか、いつ死ぬかと思って見ているが、これが死なない。最後に、

「われ今日、未《いま》だし、来日、南門に往いて遷化し去らん」まるで日本の熊谷次郎直実《くまがいじろうなおざね》みたいな男である。直実すなわち熊谷蓮生坊は死ぬ日を予知して高札で予告した。当日大ぜい集まったけれども一向に死なない。みんなが騒ぎ出したら出て来て、「阿弥陀さまの仰せじゃから、今日の往生は延期した」と言った。しばらく経ってからまた高札を立て、今度は間違いなくその日に往生したのである。

普化はこうやって群集を翻弄《ほんろう》すること三日に及んだ。三日棺を担いであっちの門、こっちの門と歩き廻ったのである。四日目にはもう誰もついてこなくなった。

すると普化は城外に出て穴を掘り棺の中に入った。ところが自分では蓋の釘は打てない。道行く人に頼んで釘を打ってもらった。

このことが町中に伝わった。「市人、競い往いて棺を開く」。あの男のことだ、死んだなんていったって本当かどうかわかるものか、というわけであろう。みんな集まって来て棺を開いた。その時、

「すなはち、全身脱去《だっこ》するを見る。ただ空中に鈴の響きの隠隠《いんいん》として去るを聞く」

死骸は影も形もなくなって、ただ鈴の音が、りいん、りいん、りいんと鳴りながらしだいに空中に消えていったという。

死んで名誉が残るとか、名が残るとか、財が残るとか、そんなケチな死に方でない。普化は隠隠たる鈴の音のみを空中に響かせて、完全にこの世から姿を消した。

われわれはなかなかこんなわけにはゆかないから、一カ所でもよい、部分脱去でよいから、どこか抜け落としたいものである。あくせく金を貯める気がさっぱりないとか、人を陥れてまで出世する気がないとか、まったく女っ気がないとか、ないないづくしでどうやらまあ生きているとか、いうのも面白いではないか。そこだけ脱去していると思えばよい。

私は今、名を残そうとか、人によく思われようとか、いい地位につこうとかいう気だけはまったくなくなった。そこまでゆくのには、人こそ知らね、かなりいろいろとあったのである。

いいお坊さまになりたい、評判のいい課長や次長になりたい、切れ者だと思われたい、人にさわがれたい、いい先生だと思われたい、いい妻だといわれたい、いい話をしたい、みんなを感心させたい、等々、そんなものはみなだめである。

大体、いい悪いは人がきめること、しかも、人がきめたからいいというものでもない。よくても悪くても、下手でも上手でも、どうでもよいではないか。自分の思うように生き、納得《なっとく》のゆくように生き、そのことで一人でも二人でも幸せになってくれればそれでいいではないか。定着せず、渋滞せず、すっすっとゆきたいものである。

第二章

生きたいように生きる

前章では「まず放り出すことからはじめよう」と提唱した。ところがここに、形のあるものを放り出そうとすると、女房と子供しかおらず、どうにもならなくなって、ご主人が追ん出たという毎田周一《まいだしゅういち》師や、女房を放り出そうにも、みごとに惚《ほ》れ込まれていて追い出すに追い出せず、追ん出るには女房・子がいとしすぎて、家にうろうろしているが、精神からいえば、捨てるものは捨て切っているという、おかしな、まっすぐな男二人の生きざまをとりあげてみた。

この三人にみごとに共通しているのは「貧乏」ということであり、その「貧乏」をさっぱり苦にしていないということである。

男の心の中に燃えさかっているものがあると、貧乏などどうでもよくなるのである。女房としてはたいへん困るわけであるが、口で言うほど苦にしてもおらぬのは、男に惚れきっているからであろう。

毎田周一師は別格として、あとの二人のような男は、皆さんのまわりにも一人や二人はいるであろう。いささかパアなところはあっても、さわやかで、大勢の人に好かれているのではあるまいか。

世間の常識などまるで意に介せず、生きたいように生きている男には、不思議な魅力がある。男と生まれて、生きたいように生きられず、女にも惚れられず、金はあっても使う度胸なく、ふわふわと生きているというだけではあまりにも情けないではないか。

龍が玉を吐くようにいのちを吐く

——ある女好きの男の硬骨の人生

女好きで、貧乏で、正直で

ここに登場する相田みつを君については、すでに私の著書の中にとりあげたことがある。その時から今日まで、彼は少しも変わっていない。依然として女好きであり、貧乏であり、正直であり、直情径行であり、私のことを親よりも大切に思ってくれているのである。

もっとも、「親よりも大切に」と書いたからといって、おどろくことはない。実は、彼の青春は、頑固で、執拗で、アメーバのごとくまつわりついてくる母親との果てしなき戦いであったと言っていい。彼の資性はことごとくこの母に負うている。だから、親よりも大切に思ってくれるのはあたりまえなのである。

相田君は、ごく平凡な市井《しせい》の徒である。書家・デザイナーとして、足利市では異色ある存在である。上手だか下手だか見当のつかぬような字を書き、菓子のデザインなどもやり、幅広くやっているゆえ、もうかるかといえば、これがさっぱりもうからず、常に貧乏して可愛い奥さんに苦労をかけている。

では奥さんだけを可愛がるかというと、そうでもなく、このごろは彼もトシゆえお盛んではなさそうであるが、かつては盛大に浮気をしたものよと、自分でも言うし、人も言う。ことほどさように女好きなのである。真如会《しんにょえ》の会に来ても、彼のすわるのはいつも美人の隣ときまっていて、自己紹介でも必ず、「私は大の男嫌いでありまして」ではじまる。そのくせ武井哲應《たけいてつおう》老師という男にはぞっこん惚れこんで、一にも二にも武井老師なのである。

この矛盾撞着《どうちゃく》の権化のような男、大飯を喰《く》らい、女を愛し、書を愛し、子供を愛し、不正を憎み、といってそれほどいいことをするわけでもなく、神仏を敬い、坐禅し、行儀悪く、ずうずうしく、気が弱く、というこの奇妙な、魅力ある、頭の少し禿《は》げ上がった、しかも水準以上に男前の、この相田みつをという男を、因果なことに私は、たいへん好きなのである。

彼はもと、足利市借宿《かりやど》町という、とんでもない名前の町に住んでいた。とてつもなく立派なアトリエのついた家であった。そのアトリエを建ててくれたのは、「中川」という割《かっ》烹《ぽう》旅館の女主人である。もうかなり前の話であるが、彼から絶望的な手紙が来たことがある。貧乏で、もうやってゆけぬという内容のものであった。

その時私は、金は送らず、手紙を送った。その一節に、「人間ぬくぬくとしはじめると、ろくな仕事はせぬ。追いつめられると、龍が玉を吐くように、いのちを吐く」と書いた。彼は「畜生！」と思ったろう。こんな文句を吐いてくれるより、札《さつ》でも吐いてくれたほうが彼は助かるのである。

担《かつ》いで売りに行け

そこで彼は武井老師のところへ相談に行く。老師は高福寺《こうふくじ》という寺の住職で、曹洞宗《そうとうしゅう》の禅僧である。色あくまで黒く、眼光あくまで鋭く、寡黙《かもく》にしておっかなく、吐けば剣のごとき鋭い一句を吐く。老師はこともなげにこう言った。

「あんたは書家だから、書いたものを売ればいいだろう。あんたは今まで、買ってくれるのを待つばかりで、自分から売りに行ったことはないだろう。自分の書いたものを担いで売りに行ってみなさい」

そこで彼は、自分の書いた書を担いで足利の町へ売りに行く。こういう時、この男は決してケチなところへは行かない。足利第一流の割烹旅館に持ちこんだ。結果はみごとにアウト。あたりまえだ。書いてある文句がこうである。

できなかつたのではないのだな
やらなかつたのだな

こんな書を床の間にかけておいたら客はなんと思うか。「安くできなかったのではないのだな、やらなかったのだな」と読むであろう。これでは困る。「手前どもではちょっと」と断られた。

そこで、さすがの彼も気が折れて、二流の割烹旅館「中川」へ持ちこんだ。おかみが出てきて、「あんたはいったい、どういう経歴の人？」と聞く。

「おかみさん、そのことは聞かんでください」

「ヘエ、そうなの。それであんたは、うちへ持ってくる前にどことどこに売りに行ったの？」

「どこそこと、どこそこ」

「ヘエ、みんな一流どこじゃない、それで売れたの？」

「おかみさん、冗談じゃないですよ、あそこで売れてりゃ、こんなとこへ来ないですよ」

「まあ、ご挨拶ねえ」

おかみはすっかり相田君が気に入ったらしい。全部買い上げてくれることになった。

「いいわ、みんな買ったげる。ところでいくらなの？」

「それが、わかんないんですよ。……でも、三千円ください。三千円あれば助かるんです」

「どうして三千円なの？」

「米屋の払いが三月たまって、それが三千円なんです」

おかみはげらげら笑い出した。

「あんた、それじゃ、これからのお米はどうするのよ、馬鹿な人ね。いいわ、三千五百円で買ったげる。それから、相田さん、これからもいいのが書けたらみんな持っておいで、買ったげるから」

こうして「中川」のおかみと相田君の交遊がはじまった。「中川」の部屋という部屋には相田君の奇妙な書がぶら下がることになった。ある時、おかみが言った。

「相田さん、駅のホームにうちの広告出すことになったから書いてちょうだい。体裁も文面も全部あんたに任せるから」

よしきた、と相田君は書いた。

「当店は二流の上の旅館です。決して一流の人に泊まってもらおうとは思いません。しかし三流の人に泊まってもらおうとも思いません。二流の上のお客様に泊まっていただくのです……」

この広告は今でも足利駅のホームにかかっているそうである。世の中には変わった奴が多いから「ヘエ、二流の上か、面白いや」と言って泊まりに来る。おかげで「中川」はたいへん繁盛するようになった。

追い出されかけてんですよ

この「中川」のおかみが、借宿町のアトリエをただで建ててくれたのだ。

このアトリエに泊まった時、私はふと思った。

「借宿町か、いやな名前だな。相田の奴、追い出されたりしなきゃいいが」

なんとこの疑念は数年後に現実となった。彼が契約をきちんとしておかなかったため、家をめぐって紛争が起き、裁判の結果彼が負け、家を追い出されたのである。

その時彼は、子供の通学している山辺小学校のPTAの会長であった。貧乏ながら人間的には実に面白い彼は、PTAの母親たちには絶大な人気があった。たまたま追い出される時期と会長改選の時期とが重なった。

「相田さん、またやってくださいよ」

「冗談じゃない、わたしは今追い出されかけてんですよ。どこへ行くかわかんないんだから会長なんかできませんよ」

「じゃ、お家さえ見つかればいいんでしょ」

「そりゃ、家の心配がなくなりゃ、またやりますよ」

「じゃ、お家さがしてあげるわよ」

かくてPTA総動員で家をさがしてくれることになった。ところが彼は大威張りでこう言った。

「どうせさがしてくれるのなら、お宮かお寺の土地をさがしてきてくんないか」

ロハでさがしてもらう相手に注文をつけるのだからすさまじい。「そんなとこあるわけないよねえ」と笑いながら母親の一人が八幡神社の宮司に話したら、「お宮の土地に一軒家があるから、そんな人なら入ってもらってもいい」と言うではないか。

まったくこの男は、ツク時にはちゃんとツクのである。こうして相田君は八幡神社の壮大な古墳のふもとに居を定めることになった。

次に私が相田君の家に泊まるようになった時、この家には新築のアトリエがあった。二十畳もの広さのある気持ちのいいアトリエである。私は訊いた。

「相田君、このアトリエ建てるのにいくらかかった？」

「それがねえ、知んないんですよ」

「知らないんだって？」

「そうなんですよ、知んないんですよ。設計図はたしかに私が書いたんですが、いくらかかったか知んないんですよ」

呆《あき》れ返った私が、事情を聞いてまたびっくり。今度のアトリエは「中川」の現主人、すなわち、おかみの息子さんが建ててくれたのだそうである。おかみはすでに亡くなって息子さんの代になっているのであるが、ある日、その人がやって来てこう言った。

「相田さん、うちのおふくろがあんたのために建ててあげたアトリエは使えなくなった。

これじゃ死んだおふくろの気持ちが通らない。だから新しいアトリエを私が建ててあげる。金はいくらかかってもいい。とにかく設計図だけ書きなさい」

こうして新しいアトリエがポンと建ったのである。その金がいくらかかったか、「中川」の主人は言わず、今もって相田君は知らないのである。

この新しいアトリエの片隅に、ふくよかな顔をした老婦人の写真が立ててある。相田君は朝夕この写真の前で般若心経を読む。この写真の主が「中川」のおかみであり、相田君の恩人なのである。

相田君は、生きることのあまり上手な男ではない。人間もとびきり上等というわけではない。しかし、真実がある。まことがある。人の幸せを本気で願う気持ちがある。神仏を尊《たっと》び畏《おそ》れる気持ちがある。こういう人だから、「中川」のおかみのような人に出会えたのであろう。

たった三人の抵抗

昭和四十七年の三月、彼の住んでいる八幡町にある八幡山古墳群の一部を市が潰《つぶ》して、道路を拡張する工事が行なわれることになった。

小学校で子供が受けとってきた説明書を見た相田君はどうにも納得がゆかなかった。納得がゆかないと絶対にひっこまないのが彼の処世の下手なところであり、私が好きだと思うところなのである。

私の家で道元禅師の書かれた正法眼蔵《しょうぼうげんぞう》の輪読会をやった時、担当者がヘマなことを言うと彼はたちまち眼を剝《む》いていんぎん無礼にこう言う。

「わたしゃ足利からこうやって東京へ出てきているんです。金があるわけじゃないから、こうやって出てくるのもたいへんなんです。それなのにですねえ、こんな説明きいたんじゃ、足利へ帰れないですよ。帰れるようにしてくださいよ」

こんな男であるから、相手が市であろうと、県であろうと、政府であろうと、やるものはやるのであって、たちまち「山辺小学校の教育環境を守る会」というのを作り、反対運動に乗り出していった。

県指定の文化財である八幡山古墳の一部を潰して、幅員の大きい通過道路を作り、駐車場も作る。金も落ちる。みんなだっていいではないかという態度に彼は腹を立てたのである。

道路が大きくなれば車の量もふえる。排気ガスもふえる。学童の交通事故もふえる。一つとしていいことはないではないか、どうしてそうまでして道路を広げなくてはならないのか、と彼は訴えた。

ところが、この反対運動の賛成者はなんと三人であった。町の人たちは彼の顔を見ると顔をそむけて通った。村八分というありさまであった。彼の真意が誤解されたのか、それとも、みんな心底から道路を大きくすること、駐車場を作ることに賛成だったのか、それはわからない。ともかく三人であった。

それでも彼は屈せず、公開質問状を、大きな字で（老眼で読めない人がいるといけないので）、個条書きにして書いて、必要と思われる筋へ発送した。県知事、県議会正副議長から教育、文化財保護、自然保護、土木、計画の各関係筋、記者室、ＮＨＫに至るまで八十九通も作成して送ったのである。

新聞記者がすぐにやって来て質問した。

「相田さん、その教育環境を守る会というのは何人ぐらいいるんです？」

「え、人数ですか、今、三人です」

「えーッ」

記者は呆れ返り、逆に教えてくれたそうである。

「相田さん、そんな馬鹿正直なことといっちゃだめじゃないですか。五、六十人とか、百人とか、嘘でもいいからいわなくちゃだめですよ」

「でも、ほんとうに三人なんですから」

記者たちは本気で呆れ返り、この馬鹿正直で、まっすぐで、融通のきかない男を、なんとか助けてやらなくちゃならないな、と思いはじめた。

こうして、新聞という有力な味方を得たこの小さな会は、しだいに支援者を増して、ついに市の道路計画を変更させることに成功したのであった。
質問書の末尾にこう書いてあった。

権力も地位も財力もない
すっぱだかの人間が
果してどのくらい市当局へ
抵抗できるものか
わたしはこの機会に
自分の身体を張って
試してみる覚悟であります

これには市当局も手を焼いたことであろう。金も要らぬ。地位も要らぬ、名誉も要らぬという男ほど始末の悪い者はない。そんな男に、命を賭けて立ち向かわれたのではたまったものではない。折れざるを得なかったのであった。
私は彼の新しいアトリエの壁間《へきかん》にかかっていた額の字を今、しみじみと思い出すのである。

人間ぬくぬくとしはじめると
ろくな仕事はせぬ
追いつめられると
龍が玉を吐くように
いのちを吐く

紀野一義先生の手紙より
みつを　書

相田君は私の手紙を読んで発憤興起し、ついに危機を切り抜けた。その時、このことばをたくさん書き、大ぜいの人に喜んで買ってもらったのだそうである。

まこと相田君のような男は生涯富貴に縁がなく、追いつめられてはいのちを吐いてゆくのではあるまいか。それにしても、土壇場でいつも救いの手が彼にさし伸べられるのはいかなる因縁によるものか、不思議というのほかはない。不思議な男である。

おまえも死ぬぞ
——不器用にまっすぐ生きた毎田周一《まいだしゅういち》

今思うことを今やる

毎田周一という人がいた。この人は金沢の出身である。金沢ときくと、父母とどこかでご縁のあった人ではあるまいかと、すぐに思ってしまう。なつかしいなと思う。

第四高等学校（現・金沢大学）の理科二年の夏に、毎田周一は、金沢公会堂で暁烏敏《あけがらすはや》師の講演を聴《き》いた。そして、打ちのめされ、理科の勉強なぞする気をなくしてしまったのであった。毎田師はこの時のことを、こういっている。

「私はすでにその時、先生によって殺されてしまったのです。先生の広大な胸の中へ、完全に摂取されてしまったのです」

彼は、一発でイカれてしまったのである。

毎田師は理科はやめ、これも金沢の生んだ世界的哲学者西田幾多郎《にしだきたろう》の教えを受けるために京都大学哲学科に進んだ。三年になると、大学がいやになった。尊敬できない教授に論文や答案を提出することが、ふるふるいやになったのである。そこで西田先生を訪ねて、「大学をやめたい」と申し出た。

この時西田先生は「君、急ぐということは必ずまちがいが含まれているよ」と慰留し、さる禅寺を紹介してくれた。その禅寺では、毎田師は何の感銘も受けず、何の影響も与えられなかったが、西田先生のことばはこののち長く毎田師の心を支配した。急がなくなったのである。

昭和十二年から十七年秋まで、毎田師は長野師範《しはん》学校の先生をした。その後、石川県女子師範学校に転任したが、毎田師は招かれてたびたび長野に来た。戦争が苛烈になり、汽車が思うように動かなくなっても、毎田師は長野に来た。

終戦の翌年の昭和二十一年一月七日に、師は妻子を金沢に置いたまま、一人飄然《ひょうぜん》と長野に去った。長野師範の教え子たちが毎田師を強引に長野に迎え取ったのである。三月まででいれば恩給がつくというのに、六日に夫人に「長野へ一人で行く」と告げ、七日には金沢を去ったのである。今思うことをやるというのが毎田師の信念であった。そのためには、恩給はおろか妻子まで振り捨てて行く男であった。損得の勘定などまるで考えもせぬ男なのである。

毎田師は長野市の町外れの相ノ木東に来てすぐにゲーテの『ファウスト』講話会をひらいた。そこへT子という女性が現われ、毎田師を思慕し、師もまた彼女を愛した。やがてT子は毎田師の家に移り住み、二十四年に男の子を生んだ。毎田師はT子との愛をかくすことなくさらけ出した。当然の結果として師は世間から非難攻撃せられ、師を慕って集まっていた人々も一人二人と去って行った。それでも師は屈しなかった。馬鹿を丸出しにし、人間の弱さを剝《む》き出しにして歩いてゆく毎田師の生きざまには、居直った者の凄味《すごみ》があった。

こうした中でも師は倦《う》まずたゆまず仏法を説きつづけ、書きつづけた。その記録はすさまじい量にのぼった。今日それは『毎田周一全集』十二巻と補遺《ほい》となって残っている。

昭和四十一年二月二十七日に師は心臓病で忽然《こつねん》として逝《ゆ》いた。七日まえの講話が最後となったが、その題は「おまえも死ぬぞ」であった。師はこのことばをはなはだしく好み、師のもとに来る人たちによく書いて与えた。その時は「於摩江毛志努會《おまえもしぬぞ》」と書いた。ある人はこれを仏壇の横に貼りつけ、朝に、夕に、「おまえも死ぬぞ」と自分に言いきかせたのであった。

一度はそんなことがあってもいいではないか

私は『毎田周一全集』を書斎のすぐ手の届く書棚に置き、毎日のように読んでいる。小さな活字でびっしりと組まれ、一ページ一ページ、尾骶骨《びていこつ》にこたえるていの文章で埋められている。

師の魂を支えていたものは、暁烏敏師の教え、『正法眼蔵』、『歎異抄』そして、ゲーテであった。

毎田師のことは、雑誌『銀花』第十号に「叛逆《はんぎゃく》のろれつ」と題してはじめて世の中に紹介された。あたたかい思いやりに満ちたその文章によって、毎田師にひかれるようになった人はかなりな数にのぼるであろう。その叛骨《はんこつ》、世間の常識的な生き方に背を向け、言いたいことをずけずけと言い、やりたいことを即座にやり、人に悪く思われること、誤解されること、非難されることをいささかも意に介さなかったその生きざまは、すさまじいの一語に尽きる。師はいつもこういうことを人に言っていた。

「私達は明日死ぬかも知れないものである。だから明日死んでも悔いないように、今日を生き切らねばならない。今日をよい加減に生きておいては、明日死ぬとき、死んでも死に切れないのである。今日を本当に最高度に生きているかどうかということは、いつも再三再四問わねばならぬことである」

「その意味ではあちらこちらへ気兼ねをし遠慮して生きるということは、何としても詰まらないことである。お前は好きなことを、やりたいことを、周囲を顧慮しないでやっているかどうか。これはいつでも胸に手をおいて考うべきことである。でも世の中には色々の社会的制約がありましてという人がある。こういうことをいう人は、自分の生命がどうでもよい人である。本当に自分の生命のことを考えている人ではないのである」

「人を愛するにしても、好きな人があったら遮二無二そこへ突進してゆけばよい。人が人を愛し、人を思いつめて、気違いのようになるというのも、人間の美しい姿なのだ。その人の生活が無茶苦茶になり、破綻《はたん》し破滅したっていいではないか。それが生き甲斐というものだ。それを破綻しないように、利口に自分を抑えて、兎《と》も角《かく》も無事安穏に一生を過ごしていった処で、それだけの人生だ。自分の生命が焼け爛《ただ》れるような体験、人間として生まれてきた以上、一度はそんなことがあってもいいではないか。〞み民われ生ける徴《しる》しあり〟と昔の人も歌った。その生ける徴しは命がけの恋にもあることだ」

言いたいことを言うという毎田師の白刃は、かつて哲学を学んだ西田幾太郎の著書にも向けられている。師はこう言っている。

「〞極重悪人、無他方便、唯称弥陀、得生極楽〟と源信僧都《げんしんそうず》がいはれるとき、その極重悪人とは誰のことであるのかと、私は宗教学者、宗教哲学者なるものにききたいのである。若《も》しそれがその学者自身であるならば、極重悪人が宗教を論じてゐるのであらうか。悠々と研究してゐる余地があるのであらうか。極重悪人の研究し得るところは、単に『悪の研究』でしかないであらう。彼を叩《たた》いて、彼から悪以外の何ものも出て来ないからである。そのやうなものをこそ極重悪人とはいふのであるからである。

嘗《かつ》て西田幾太郎博士は『善の研究』なる書を著された。博士の出発点が実に甘いことをそこに見るのである。善を研究し、善の本質を顕す能力・資質、あるいは資格が、自分にあるかの如く前提して、出発してをられるからである。……

何故博士は『悪の研究』を書かれなかつたであらうか。それは自己の研究である。内省の書である。何故なら自己は極重悪人だからである。しかしとても学者を、哲学者を、志される限り、そんなものは書けないのである。

自己が救はれねばならぬといふ処からは出発されないのである。何故ならば博士は極重悪人ではないからである。

極重悪人の自覚、それはまさしき懺悔《さんげ》である。そこに悲痛な苦悩の叫びと、又救済の歓喜の歌とがひゞいて来なければならない。宗教論・宗教学・宗教哲学などの出て来る余地はないのである。人間として宗教の生命に触れることの外に、何を要するのであらうか。学者の閑葛藤《かんかっとう》、ひまつぶし、見当の狂つた力瘤《ちからこぶ》の入れ方といふものを見るのである」

だめなところをばっさり切れ

毎田周一師は、長野に来てからというもの、身にまとうものは金沢から着てきた着物と袴《はかま》だけであった。

袴など最後には裾がすり切れ、裂け、膝《ひざ》が抜けて、見るも無残なありさまであったが、毎田師は平気で悠々と歩いた。師の脳裏には、遊戯《ゆげ》自在な釈尊《しゃくそん》の姿があったに違いない。師はいつもこんなことを言っていた。

「釈尊が悠々と行かれたのは、自分が何か特別のことをするといふ特別者の意識をもつて居られなかつたからであり、自ら凡夫としてありのまゝの人間に同じてゆかれたからである。

悠々とは見るものゝ立場である。待つもの、随順するもの、謙虚なるもの、自己否定者の立場である。――それでは彼は何をするのであるか。たゞ遊びゆくばかりである。遊戯《ゆげ》三昧《ざんまい》こそ仏陀の境涯である。そこには何一つせねばならぬことがない。何事かをこの世に於いて実現せねばといふことがない。期して待つべきことあるのみである。何を待つのであるか。真理が自らを実現することをである。それは眼前の現実が、真理の事実となつて現れてゐること以外ではないといふことである」

こういう人であるから、毎田周一師の生活はきわめて簡素であった。ただし、師のいう「簡素」は、簡単・素朴・質素・粗末という印象のものではない。もっと「簡素」の根本にふれたものであった。

師は、「簡素論」という長大な論文を書いている。その執拗・綿密・精緻《せいち》な論述は、おのずから、師のいう「簡素」が簡単素朴なものでないことを証明している。

われわれは「簡素」と一つのことばのように言っているが、「簡」と「素」とは違うものである。まるきり反対のものである。

「素」は、「素材」であって、すなおにしてあるがままの存在、人間でいえば、むき出しの欲望がそのまま放り出されている状態である。これは女性的なものであって、どこまでもどこまでも伸びてゆこうとするものである。これだけでは始末のつかぬものになってしまうであろう。そこで「簡」が必要となる。

「簡」というのは、「えらぶ」ことである。また、「集中力」という働きのことでもある。草木は水分のあるうちはどんどん伸びる。しかし水がなくなってくると、いらない葉をどんどん枯らしてゆく。そして生命を維持しようとする。これが「簡」である。いらないものをどんどん捨て、断ち切ってゆく働きを「簡」というのである。

簡単にいえば、「素」は欲望、「簡」は諦念《たいねん》である。だめだと思ったら、だめなところをばっさり切って捨てるのである。

私は毎月二度、池上《いけがみ》本門寺に講義に行くが、その会に宮崎さんという方が来られる。この人は壊疽《えそ》という病気にかかった。医者はすぐ切れ、という。脚を太股の付根から切り落とさねば助からぬと宣言されたのである。

宮崎さんはすぐ私に電話して来た。今晩中に決めろといわれたからである。彼は事情を手短に説明し、切羽つまった声で、「先生ならどうしますか?」と問うた。声がふるえている。それはそうであろう。簡単に決められるものではない。

私は言下に、「おれなら、切る」と言った。「そんな先生、人の脚だと思って……」と他の者なら悲鳴のような叫びをあげるだろう。しかし、宮崎さんは黙っている。私はかまわず押し切った。

「おれに相談したのは、どっちか決めてほしいからだろう。そんなら切れ、切らにゃ死ぬぞ、切れ」

しばらく黙っていた宮崎さんは、「そうですか、先生が切れとおっしゃるなら、切ります」と答えて電話を切った。あくる日、思い切りよく切断手術を受けたのである。

予後のために、私の体を診《み》てくださっている漢方の名医佐藤先生に彼を委《ゆだ》ねた。佐藤先生は、「紀野先生、いい時に切れと言ってくださった。切らなかったら、間違いなく死んでいたでしょう」と言われた。宮崎さんは今元気で、義足をつけて本門寺に来ている。

これが「簡」である。「素」のほうは、今のままでもなんとかなりそうなものじゃないかと考える考え方で、そのへんのかねあいがなんともむずかしいのである。

体はお医者さま、命は仏さまにあずけっ放し

毎田師は、「簡素でないものはふるい落とされてゆく」という。手のこんだむずかしい料理がある。そういうものはいつまでも続かない。最後に残るのは、味噌汁・漬物・茶漬などである。こういうものを作り、食べる時には、めんどう臭いことをいちいち考えることがない。めんどう臭いことをいちいち考えたりしない世界に行くと、人間の生命力は長生きするのである。

親鸞上人が長生きされたというのも、おそらくは体のことを、自力をまじえず、さかしらに詮議《せんぎ》立《だ》てせず、他力にうちまかせてゆかれた、その心映えの簡素さに基づいているのであろう。

私が前住んでいた四谷の舟町に信井《のぶい》春代《はるよ》さんという今年七十五歳になる念仏信心のおばあさまがいて、さることから私のところへ来るようになった。

ある年、彼女は鼻のガンを病み、切らねば死ぬゆえ、家族に相談せよといわれた。二十二の年から未亡人で一人で生きてきた彼女には相談すべき肉親が東京にはいない。それで私のところへ相談に来た。顔を見たところ一年や二年で死ぬ顔ではない。言下に私は「切りなさい」と言った。そして切ったのである。

そのあと、コバルトを照射しているころの顔を見て私は驚き、すぐにやめさせて佐藤先生のところに連れていった。瀕死《ひんし》の病人を数多くかかえている先生は、めったなことでは

新しい人を診てくださらぬが、私が連れてゆくのは、放っておくと死ぬ、うまくすると助かるというギリギリのところにいる者だけなので、しぶしぶ診てくださるのである。

この時佐藤先生は顔を見るなり、「信井さん、ガンに感謝しましょう」と大声で言った。打てばひびくようにこの広島育ちのおばあさまは「へえ、わしもそう思うとります」と答えて佐藤先生を大笑させた。こうなればもう占めたもので、信井さんは危地を脱したのである。

それからまもなく信井さんは、たった一人の息子の戦死したグリーン島をひと目見たいと言って、遺骨収集慰霊の一行に加えてもらい、ソロモン諸島へ行った。それから、もう三度も行っているのである。

ある日、町で行きあった信井さんと二人、ガードレールに腰をおろしてこんな話をした。信井さんの鼻のガンの治療は奇跡的な成功だそうで、病院の医者の間でも評判になっている。しかも、ソロモン諸島まで行っているのである。院長がある時、執刀した医者にこう言った。

「あのおばあさんは、よくまあガンを克服して、ソロモン諸島まで行ってケロリとしているもんだ、どうしてだろう」「それはあのおばあさんはお念仏の信心があって手を合わせる世界を持っておられるから、それで違うんでしょう」「へえ、このごろのおばあさんで、お念仏でそこまで行ける人があるんかねえ」

医者はこの話を信井さんにした。信井さんは言下に言ったそうである。

「へえ、このごろの大きな病院の院長で、お念仏のこともわからんようなもんがおるんかねえ」

これは院長の完敗である。そのあとで信井さんは私に言った。

「先生、わしゃあねえ、体はお医者さまにあずけとるし、命は仏さまにあずけとるんじゃから、楽なもんですよ」

まったく呆《あき》れたおばあさまであるが、ことさらそうするのではない。ごく自然に、簡素になっているのである。あれこれ思いわずらわず、体はお医者さまにあずけっ放し、命は仏さまにあずけっ放しなのである。毎田師が、

「ことさら簡素といわないでも、おのずからにして簡素なものが生きのび生き続けてゆくのである」

という世界を、信井さんは地で行っているのである。

あれもこれも求めるな

毎田師はまた、念仏と坐禅をとりあげ、念仏というものは、人生の原理としてはまったく簡素なものである、と言っている。

南無阿弥陀仏と称《とな》えればよいのである。称えたらどうなるとか、南無がどうとかいうよ

うなことは一切かかわらぬのであって、お寺に来て、また自宅で、ただ「なまんだぶ、なまんだぶ」というだけである。

学者はそれを見て「あれは迷信である」「あれはアニミズムである」とか、きいたふうなことをいうのであるが、その「なまんだぶ」が信心決定して長生きし、学者は早死にし、死ぬ時あわてふためいて駆けずりまわるのである。

「簡素ということは、目的を分散しないで、一点に集中することだ。一点に集中することが人生で成功する秘訣である」

という。簡素が人生論として具体化してくると、一点に集中するという生き方になる。人に対してあれもこれもと求めない。ただ一つのことしか求めなくなる。亭主に対しては、「男らしくあれ」ということしか求めない。女房に対しては、「うまい飯を食わしてくれればよい」としか求めない。

女房のほうは、そんなことなら簡単と思って安請合《やすうけあ》いするかもしれぬ。ところが、うまい飯を食わすということ一つのために無数の条件が必要になってくることに気がつかぬのである。

晩飯をうまく食わせるためには、亭主が帰宅した時から気分がよくなくてはならない。背広を脱ぐ。すぐハンガーに掛けられる。着替える着物も足袋《たび》もきちんと揃って、手を通しさえすればよい。風呂も沸いている。湯加減もぴったり。上がればビールも冷えている。

食べたいと思うおつまみはちゃんと出ている。お菜も、今日食べたいなと思ったものがちゃんと出ている。家族全員がにこにこしている。こういうふうにはなかなかゆくものでない。

着物だってほんとうは体に合わせて縫うのである。体にぴったりと付く着物を縫えるような女房はもう皆無と言っていい。

だから一つしか求めないというのより、いろいろ求めはしますが、それほど深く追求はしませんというほうがよっぽど楽である。料理も「一応はやってもらいたいが、出来上がりは問いません、食えればいいです」ということなら、そのへんのものを買ってきて済ませてもいいということになる。だからこのごろの台所は鋏《はさみ》の音がする、という。買って来た袋を破る鋏があればいい、ということ。

私が京都に行くたびにご厄介になり、真如会の支部の会場にもなっている辻さんの家には女の子たちがいつも手伝いに来てくれる。辻さんは料理については、とことんまでやるほうであるから、この子たちに手伝わせて昔風の凝った京料理を食べさせてくれる。

最初のころ女の子たちは「おばさんの家の台所には鋏がないのですね」と言った。面食らった辻さんが、「どうして台所に鋏が要るの?」と訊いたところ、「このごろはちゃんと出来たのが袋に入っているから鋏が要るのよ」という返事が返って来た。しかし、いまだに辻さんの家の台所には鋏はおいてない。今でも料理は全部手作りだからである。

いろいろ求めるが深くは求めないという気持ちを断ち切って、ただ一点に限定するというのは大変なことである。この一点に限定する働きを「簡」という。
キリスト教の詩人八木重吉《やぎじゅうきち》の詩にこんなのがある。

なくてならぬものはひとつなり
書をよむわたしよ　いってしまえ
かんがえるわたし
ねたむわたし　いきどおるわたしよ
なくてならぬものではない
もえよ　きえよ
しずかなせかいよ　のこれ
ほがらかなせかいよ　のこれ
わたくしよ
おおいなる
むなしきそらのもとに
このこころを　ただ花としてさかしめよ

この「なくてはならぬものはひとつなり」というところへ集約すればよいのである。信心には「那《な》一点」というものがある。「これ一つ」「ここ一つ」ということである。

蛇《へび》は頭の後ろの一点を押さえれば動かなくなる。台湾の宜蘭《ぎらん》市にいた時、川のすぐそばの測候所の官舎が無人になっていた。そこを拝借して私の隊の宿舎としていたのである。ところが私の知らぬ間に、私の部屋の押入れに巨大な錦蛇がとぐろを巻いていた。当番兵が見つけて大騒ぎになったが、なにしろ体の直径が十五センチもある錦蛇では手が出ない。銃を構えて射殺しようとする時、私が帰って来た。私はすぐ警察署に電話して、長く台湾奥地に勤務して蛇を捕《と》る名人といわれた警官に来てもらった。彼は一間ほどの長さの棒を一本担いでやってきた。それを巧みに操って蛇の頭のうしろのあたりをギュッと押さえたら、たちまち蛇は動けなくなった。そこで棒にぐるぐると巻きつけて担いで持っていってしまった。那一点を押さえている人間というものはえらいものである。

簡素ということは、今の日本人に一番苦手なことである。今の日本には物がありすぎる。なんでもあるということは、実は、何もないということで、これ一つという大事なものがない。ここ一つ、これ一つというところにすべてが表現されている世界があるのに、それを今の日本人は知らない。

「この一点における全体の表現を知らざる人は、人間生命を理解せざる人である」と毎田師は言う。

毎田師はゲーテが好きで、『ファウスト』のグレッチェンが純情可憐の少女としてのみ表現されていることに感動するのである。男に欺され、睡眠薬の量をあやまって母を殺し、できた赤ん坊の処置に困って殺し、最後に死刑にされるのである。

しかるに、密通、母殺し、赤ん坊殺しというような暗い印象は一つも受けない。グレッチェンといえば、ドイツのかわいい少女という印象しかない。だからわれわれは旧制高校のころ、可憐な少女にはグレッチェンという名を呈したのである。ゲーテは、そういう表現の中に女性の全体的生命を表現して成功したのである。

グレッチェンで全女性を表現したのは、人間の凡夫的表現としてずば抜けている、というのである。

丹念に、一念に

毎田師はまた、聖徳太子《しょうとくたいし》の十七条憲法の第十条中に聖徳太子のえらさを認めている。

「忿《いかり》を絶ち瞋《いかり》を棄てて、人の違ふを怒らざれ、人皆心あり、心各執るところあり、彼是《ぜ》とするところ則《すなわ》ち我は非とし、我是とするところ則ち彼は非とす、我必ずしも聖に非《あら》ず、彼必ずしも愚に非ず、ともにこれ凡夫のみ、是非の理なんぞ能《よ》く定むべき、相ともに賢愚なること、鐶《みみがね》の端なきが如《ごと》し、ここをもつてかの人瞋《いか》ると雖《いえど》も、還《かえ》りて我が失《とが》を恐れよ、我独り得たりと雖も衆に従ひて同じく挙《おこな》へ」

今間違ったことをしていても、次にはすばらしいことをするかもしれない。今すばらしい人間でも、明日は愚かなことをするかもしれない。その賢と愚が耳環のようにぐるぐると連続していて、どこが端、どこが始まりということもない、それが人間なのだというのである。

その凡夫である人間の迷いにはいろいろあるが、太子はそれを「瞋《しん》」というただ一点に集中して、それを棄てよと教えるのである。この「瞋」の中には「貪《どん》」（むさぼり）も、「痴《ち》」（おろかしさ）もすべて含まれている。だから、瞋というところを押さえれば、人間の欲望すべてが押さえられるわけである。その瞋を棄てよと教えられた。ここ一つというところを押さえたその考えに毎田師は感動したのである。

棄てるものが「瞋」一つであるとすると、拾うものは何か。それは「南無妙法蓮華経」一つ、「南無阿弥陀仏」一つ、「坐禅」一つということになる。それを丹念に、一念にやるしかない。

この本の第三章には八木重吉のことが出てくるが、その中に、

かなしい日はかなしみのみちをゆきくらし

よろこびの日はよろこびのみちをゆきくらし
たんねんにいちねんにあゆんできたゆえ
かすかなまことがみえてきた
……

という詩がある。今この毎田周一師の生き方の中にもそれを見るのである。人間、哀しい日は、哀しみの道を行き暮らすしかない。喜びの日は一心に喜び、喜びの道を行き暮らすしかない。それを丹念に、一念にやるしかないのである。これは「たんねんに　いちねんに」であって、「いちねんに　たんねんに」ではない。一つ一つの小さな事を丹念にやってきて、かなしい時にかなしみを丹念に味わいつくし、うれしい時はうれしさを丹念に味わいつくして来た人間が一念に生きられるのである。一念ということは、その中にかなしみもよろこびもみな入っているというのではない。かなしみ一筋、よろこび一筋ということである。

凡夫にはそれしかない。それしかできないのである。しかし、よろこびの道を丹念に一念に、かなしみの日は、かなしみの道を丹念に一念に生きつづけるから、迷いが迷いのままで救われるという親鸞の世界にすとんと入るのである。

毎田師はこういう道を行った。不器用な、損得勘定の全くできない、融通のきかない人であった。しかし、その丹念な一念な生きざまの中には、野戦に使われた剛刀のようなすさまじさがある。常住、死の中に生きている人間の迫力がある。眼が外せないのである。

おかしな男のまっしぐらな真実
——呑《の》んだくれのトラック人生

貧しといえども、しかも富めり

ある日の夕方、私は小田急デパート別館の中にある中華料理店「豪華」に招かれた。招いてくれたのは看護婦さんたちである。この人たちは日本全国の病院から集まってきて研修を受け、修了すると看護学院という看護婦養成の学校の先生になるのである。だから看護婦としてはかなり経験を積んだ人たちである。

養成学校の場所は国立第二病院で、私はそこへ三日間、「日本人の心情と看護」という講義をしに行った。今はそこの建物は立派になったが、私が行ったその時は、夏はやぶ蚊、冬は冷房完備の木造のぶっ倒れそうな建物で、まわりに豚草《ぶたくさ》らしきもの生い茂るというえらい所であった。その中で彼女たちは一日中、殺人的スケジュールで絞られるのである。

私が行った時、彼女らはくたびれ果てて、ダウン寸前であった。彼女らは私の講義の題目を見て、こりゃむずかしいと判断し、かたがた疲労その極にあったので、「悪いけどどうせむずかしいお話だろうから、お寝《やす》みさせていただきましょう」と言いあっていたらしい。

ところが始まってみると、底の抜けたような話の連続で寝るどころの騒ぎではない。転げまわって笑い、泣き、メモを取り、と全く真剣そのもの、体ごとぶつかって来るという感じの講義になった。あまり可愛いので、二日目に、京都からのお土産にいただいた生八《なまやつ》橋《はし》を一箱持っていってあげた。実はすでに角のほうを私が食べてしまっていたのであるが、他のところから少しずつうつして、きれいに並べ直して持っていった。計算したら四十八枚しかない。人数は六十人。「喧嘩しないでおあがりよ」と置いてきたら、えらい喜びようであった。実は十二人あぶれるわけである。あぶれなかったほうだって三センチに五センチの薄いのが一枚、大したことないのである。しかるに、翌朝、入れ替わり立ち替わり挨拶に来る看護婦さんたちがみな言うのである。「八橋おいしかったですわ」「八橋うれしかったですわ」。私のほうはだんだん体裁が悪くなって来た。

彼女たちは私の心を食べてくれたのである。一人が言った。

「この世界のどこに、教える先生が教え子にお菓子を持ってきてくれるところがあるでしょうか」

人にもらった八橋一箱でそれぐらい思われれば私も本望である。

この人たちの修了後の謝恩会が「豪華」で開かれた。席について中央の席名を見ると「鳥」と書いてある。おかしな席だなと思って隣を見ると、「花」、他に「空」「水」などというのもある。「おかしな名前だねえ」といったら、「あら、先生、気がつきません」とやられた。「わからんな」というと、「あらいやだ、先生のお話から取ったんじゃありませんか」。

なるほど、なるほど、山頭火の話をしたのである。「遠く遠く鳥わたる山々の雪」で「鳥」。「なにがなにやらみんな咲いてゐる」で「花」。「ここまでを来し水飲んで去る」で「水」。「色即是空」の話から「空」。

私が講義したのはわずか三日である。先生方のなかには半年間ずっと講義してこられた方もある。まことに申しわけない気がしたが、同時に、教える冥利《みょうり》につきたことと、うれしく思ったのであった。

宴果てんとする時、代表が立ち上がって私に言った。「先生、もう最後です。最後にもう一つだけ面白い話をしてください」

私はこの看護婦さんたちが心《しん》から好きになっていた。彼女らは実に「知足の人」である。大変な仕事をしているのに、自分の置かれた立場を十分認識して文句もいわずに頑張っている。一生懸命生きようとしている。

『仏遺教経《ぶつゆいきょうぎょう》』の一節に、

「不知足の者は、富めりといへどもしかも貧し。知足の人は、貧しといへどもしかも富めり」

とある。彼女らはまこと「知足の人」である。その彼女たちのために私は最後にこんな話をした。

今言わないと一生言えない

私の古い教え子の弟にT君という青年がいる。某大学を卒業し、まもなく自衛隊に入隊した男である。この男が私の家に来るのは大体において夜中である。しかも大体において酔っている。しかし礼節を忘れたことはない。直立不動の姿勢で「私は酔っておりません」という。どうして酒を飲むかというと、素面《しらふ》では先生はおっかなくていけねえというのである。豪傑で気が弱く、バンカラで細心、歩く時はオランウータンのごとくに歩く。

この男を、私の教え子が恋し、数年間頑張り通してついに結婚した。ある日彼女が私の家に来て、「先生、私、好きな人がいるんです」といった。日本舞踊をたしなみ、楚々《そそ》としたこの子に好きな人の一人や二人いても不思議はない。「ふうん、それで」「その人、先生もご存知の人です」「なに、誰だ」「Tさんです」「なんだ、熊みたいな男じゃないか」「そうなんです、熊みたいなあの人です。でもみんな反対するんです。このままじゃだめになります。先生、味方になってください」。へえ、あの熊のごときTにねえ、と私は呆れたが、この子は縁談という縁談を片っ端から刎《は》ねつけ、それから何年もの間、志を変えず、ついに結婚にこぎつけた。その結婚式がなんと、この謝恩会の日の午後に如水会館で行なわれたのであった。

その結婚式は全く異例であった。なにしろ式半ばにして長兄が立ち上がり、この弟のためにいかに兄たちが悩まされたか、その罪状？　の数々を逐一披露する。新郎はいちいち、大声で「そんなことはない」と否定する。満場爆笑のうちにとうとう新郎は客人に背を向けて金屏風《きんびょうぶ》と睨《にら》めっこする始末であった。

その中の客の一人が、「おう、新郎、お色直しの嫁さんがぼつぼつ帰ってくるぞ、迎えに行けえ」と怒鳴った。すると新郎は「おう」といって出ていった。しばらくすると新郎が、骨の折れたこうもり傘をさし、花嫁がその腕にすがりついて入場して来るではないか。満場騒然。二人のうしろには如水会館のボーイやらメイドさんやら群集して口あんぐりである。もう私は笑い通しで腹が痛くなった。

騒ぎがひとしきり納まると司会者が言った。「まことに異例ではありますが、これから新郎が一言ご挨拶したいと言っております」。一同また騒然。新郎はやおら立ち上がり、末席にいる両親のほうをにらむようにして大声で言った。

「おやじさん、こんな飲んだくれの、出来の悪い息子を、今までやさしく見守ってくださって、ありがとうございました。おやじさん、おれはゆうべもおやじさんにありがとうと言おうと思って言えなかった。今朝言おうと思ったが言えなかった。今言わないと一生言えないから、この席で今言わしてもらいます。おやじさん、ありがとうございました」

部屋がしいんとなった。かすかにすすり泣きの声がきこえた。彼はまた言った。

「おっ母さん、おれは、おっ母さんのことを思うと、世の中に怖《こわ》いものがなくなった。おっ母さん、ありがとうございました」

すすり泣きがあっちでも、こっちでも起こった。最後に彼は私のほうをまっすぐ向いてこう言った。

「紀野先生、先生は忘れたかもしれないが、おれは餓鬼《ガキ》の時に姉に連れられて先生のとこへ行った。姉は、先生この子は両親のいうことをちっともききません。何か言ってやってくださいと言った。そしたら先生は〝おまえ、親のいうことをきけんような奴は人間じゃないぞ。お父さんとお母さんにありがとうと言える人間になれ〟と言った。おれはそれ以来、ありがとうと言えるようになろうと思っていたけれどなれなかった。昨日の夜も、今朝も言えなかった。しかし先生、おれは今はじめて、おやじとおふくろに心からありがとうって言えました。先生、ありがとうございました」

私は思わず涙をこぼしそうになった。この熊のごとき無骨《ぶこつ》一遍の男は、なんと十数年ものあいだ、私の言ったことを考えていてくれたのである。少年ながら骨身にこたえて聞いてくれたのであろう。ありがたいことであった。

私はおおよそ右のような話を看護婦さんたちにした。みんな、しいんとなって聞いてくれた。最後に私は言った。

「みなさんが看護してあげる患者の中には、おい、ねえちゃん、とみなさんを呼ぶ男がいるだろう。この男はね、日本語を少ししか知らないんだ。本当はこのTのように、ありがとうと言いたいのに、それが素直に言えなくて、おい、ねえちゃんと出てしまうんです。だからこれは、看護婦さんどうもありがとう、と言ってるんだと思って、ハアイと返事してあげなさい」

これで一同大笑いになり、やっと「最後の面白いお話」は終わったのであった。

われわれのまわりには、この「ねえちゃんよ」型の人間がたくさんいる。そういう人間だって本当はありがとう、と言いたいのに、言わせないような業因縁《ごういんねん》が動いているのであろう。因縁というか、業の促しというか、その強い力を排除して言いたいことを言うようでなくてはならぬ。人をしてそれを言わしめるのは、愛である。

Tは、「おっ母さんのことを思うと、世の中に怖いものがなくなった」と言った。この時私は高村光太郎《たかむらこうたろう》が母を亡くした時に作った詩の末尾を思い出していた。

母を思ひ出すとおれは愚にかへり、
人生の底がぬけて
怖いものがなくなる
どんな事があらうともみんな
死んだ母が知つてるやうな気がする

った。

一緒に歩いてやろう

このTは結婚して赤ん坊ができてまもなく、会社をやめて長距離トラックの運転手にな

「先生、食えないからトラックの運転手やることにしましたよ」と、ジャンパー姿の彼は屈託なく笑った。どうもそのほうが性にあっているように見えた。それから何年か経った。

ある夜、十時すぎに私の家へ酔っ払いがやって来た。「先生！　先生！」という大声が玄関から二階まで筒抜けに聞こえる。夜の静寂の中でそれは、悲鳴のようにも聞こえ、深い無明の底から噴き上げてくる絶叫のようにも聞こえ、どうしようもない人間の歎息《たんそく》のようにも聞こえた。

「Tの奴《やつ》だな」

私にはすぐにその男と知れた。私の家に泥酔して来るような男はT以外にはいない。声を聞けばすぐにTとわかるのである。

Tは、一流ではないにしても大学を卒業し、そのあと陸上自衛隊で何年かを過ごして来た。そのあと就職し、結婚し、子を成し、今は長距離トラックを駆って東京から下関へ、東京から青森へと、休むまもなく国道を突っ走っている。

彼の兄弟はすべて一流の大学を出、名の通った会社に就職して、エリート・コースを歩

いている。彼だけがエリート・コースを外れ、ジャンパーをまとい、トラックを駆って国道を突っ走るのである。しかし私は、生きることの下手な、この呑《の》んだくれのTが好きである。心底から私を信じ、尊敬し、好いてくれているこの男が好きなのである。

その男が今、私に向かって怒鳴るように言う。

「先生、おれは腹を立てているんだ。おれのきょうだいの馬鹿野郎。馬鹿野郎だ、あいつら。なんだ。おれはね、先生、先生が好きだよ。本当に好きだよ。先生がどうなろうと、何をしようと、おれは変わらないよ。おれは先生を絶対に信じているんだ。どこへでもついてゆくよ。なんだ、あいつら、えらそうな顔しやがって、わかっちゃいないじゃないか。真如会がどうしたって？　馬鹿野郎、真如会はおれだ。おれを見りゃわかるじゃないか。真如会はまちがっちゃいねえよ。おれを見りゃ、わかるじゃないか。先生、おれは真如会だ。そりゃあね、おれは会には出ない。出られないんだ。若い委員さんたちにゃ申しわけねえ。出られないんだ。出なくってもだ、先生、おれは真如の精神はわかっているんだ。それをなんだ、あのきょうだいども、出てたってなにもわかっちゃいねえじゃねえか。おれは違うよ。おれは先生が好きだ。先生はおれに、ありがとうって言えと言ってくれた。おれは言ったよ。結婚式の時に、なあ、先生、おれは言った。先生、おれは先生が好きだ。先生、お顔見ると、すっとするんだ。いやなことがあるとね、先生の顔見に来るんだ。先生、おや！　先生、いい顔してるねえ。前よりももっといい顔してるねえ。おれ、本当に先生が好きなんだ」

彼と彼の兄弟の間でどんなことがあったのか私は知らない。私のことと、真如会のことで、何か行き違いがあったのかもしれぬ。そんなことは、しかし、どうでもいい。とにかくこの男は、私が人殺しであってもついて来るという、まっすぐな、馬鹿正直な、いちずな男なのである。評判がよければついてゆき、評判が悪くなればさりげなく離れたりなどという器用な芸当は、どだいできそうもない男なのである。その男が、これだけずけずけと思っていることをぶちまけたのははじめてであった。

だいぶ落ちついたころ、彼はこう言った。

「女房の奴はね、先生、おれが寝ていると起こすんだ。おれが疲れ切ってね、眠られないから酒飲んで寝るんだ。ぐっすり寝てると起こすんだよ。なんだ！　っていうとね、愛してくれっていうんだよ。先生、おれ悪いけど疲れててね、それどころじゃないんだ。おれだって女房が欲しい時はあるよ。でもね、よく寝ている女房を起こしてまでする気はないよ。それなのに、女房はおれを起こすんだ。我慢しろ、と言ってもね、体が言うことをきかないっていうんだ。先生、あれが女の業っていうもんだねえ。いつかおれ、腹立ってね、張り倒したんだ。お岩みたいに顔が腫《は》れちゃってねえ。先生、もうやらないよ。叩かないよ。え！　そういう時は尻を叩けって？　いや、もう叩かないよ。先生、先生の顔見て、すっとしたんだ。

先生、うれしいねえ。先生は前よりもずっとすっきりした顔してるもんなあ。先生、先生は仏さまだよ。おれはそう思ってるよ。だからね、いやなことがあると、ここへ来るんだ。いつも酔っぱらってててね、先生、すみません。酔っぱらってないよ、おれ。正気ですよ。先生。先生と酒飲みたいなあ。正月に来ていいですか。そうですか、酒いっしょに飲んでくれますか。うれしいねえ、先生。元気でいてくださいよ。いつまでも元気でいてくださいよ。え? 風邪ひくな、って。冗談じゃないよ、先生、おれ、真如会の会員だよ、本気で生きているんだよ、風邪なんぞ引きますか。引くわけないじゃないか。先生、それじゃ帰ります。先生、お元気で」

好漢Tは、言いたいだけのことを言って、下駄を引きずり、道で拾ったというバットと、私の本と、包みとをぶらさげて夜の闇の中に消えていった。バタン、バタンという下駄の音が私の胸の奥にいつまでもいつまでもひびいて、痛んだ。

新幹線の窓から、東名高速や名神高速を走るトラックを見ると、いつも私は、あれはTの車ではあるまいかと眼を凝らす癖がついている。馬鹿なと思うが、どうしてもそうしてしまうのである。

観音経に、

「もし衆生ありて婬欲《いんよく》多からんに、常に念じて観世音菩薩を恭敬《くぎょう》せば、すなはち欲を離るることを得ん」

とある。「瞋恚《しんに》」（憎しみ）も、「愚痴」も離るることを得ん、と書いてある。

朴訥《ぼくとつ》なTは、仏を思うことはせず、私を思い、仏の名を呼ぶことはせず、私の名を呼びに呼ぶ。そのことによってTは、婬欲《いんよく》を離れ、瞋恚を離れ、愚痴を離れるのである。このごろ私は、ひょっとしてTは、実は観音さまの化身ではないかと思うことがある。

人を信じてまっしぐらに愚直なること、Tのごときはない。私は呆れ返り、涙し、やられ、どこまでも、どこまでもTを信じ、Tと一緒に歩いてやろうと思うのである。どうしようもない男と、どうしようもない男との、おかしな、おかしな出会いなのである。

第三章

きびしく鮮烈に生きる

さて前章の二人は（いや毎田師もまったく知られていない人であるから三人か）、無名、市井《しせい》の人間である。そういう人間でも、あれだけ徹底した生きかたができたのであるから、大ぜいの人間に師と仰がれるような人物の生きざま、死にざまは、もっとすさまじいものであるのは当然である。

ここには、それぞれの分野で師と仰がれた歌人・詩人四人の生きざま、死にざまにふれることとなる。このうち三人はそれぞれ相互に関連しているのであって、會津八一《あいづやいち》は吉野《よしの》秀雄《ひでお》の師であり、吉野秀雄の二番目の妻は、八木重吉未亡人であり、八木重吉の詩集を世に送り出したのは吉野秀雄なのである。因縁の深さ重さをしみじみと感じさせられる人間模様である。

この四人とも、自己の生きざまにきわめてきびしい人たちであった。終生、財というものにあまり恵まれていなかったにもかかわらず、優雅にして豊かな芸術家の生涯を送り、接するすべての人を感銘させたのはさすがである。

芸術を愛し、自己に忠実な人間は数多いのに、それらの人が必ずしも優雅でなく、豊かなものを感じさせないというのは何故か。會津八一が、門弟大泉博一郎《おおいずみはくいちろう》にあてた書翰《しょかん》の一節に「人間もすつきりと木地の確かなるものでなくては、善人にても悪人にても、ともかくも問題に上しがたく候《さうらふ》。……此《この》木地をすつきりとさせるには、……忍耐も犠牲的精神も無くてはならぬものなり。忍耐すればこそ、底力もあらはれ、犠牲的精神あればこそ、いたましくも人の心の底をも動かすべき風情の何処となく現はれ来るなれ」と言った言葉を思い出さずにはいられない。

この四人は四人とも、忍耐と犠牲的精神が豊かな人格となって立ち現われたような人物であった。生きかたの上手下手を超えて人の心の底を動かすべき風情の現われ来たった人物であった。その行業《ぎょうごう》に学ぶべきことは多いのである。

美しき人になりたく候《そうろう》

――會津八一《あいづやいち》の鮮烈な生きざま

わが早稲田大学のほこり

早稲田大学の美術の先生に會津八一という人がおられた。もともとは英文学を研究してイギリスの詩人キーツの詩に傾倒された方である。一方ではまた日本の古美術に造詣《ぞうけい》がふかく、それに関連して万葉振りの堂々たる歌を詠み、また書をよくされたというふうに、往《ゆ》くとして可ならざるなき天才的な学者であった。号を秋艸《しゅうそう》道人という。

私は生前ついに道人にお目にかかる機会がなかったが、私の友人で早稲田に学んだ人から道人の人となりについては、つぶさに聞いて知っているのである。

會津先生の家に学生が遊びにゆくと、道人はどてらを着て玄関に出て来られる。そしてたった一言、

「なにしに来た」

と言われる。なにしに来たと言われても、学生のことである。特別な用事があるわけはない。へどもどして「別に用事はありません」と言うと、大喝一声《だいかつしいっせい》、

「用事がなければ帰れっ」

と怒鳴った。こんなことに驚いていては會津八一の家の敷居はまたげない。図々しいのが、

「先生の家は用事がなくちゃ来ちゃいかんですか」

とひらき直る。すると道人はその学生の顔をじっと睨みつけることしばし、破顔一笑、

「そんなら、上がれ」

と言う。上がると大事にする。こういう人であった。

古い時代の瓦を集めるのがお好きで、たくさん集めておられた。瓦は重くて家の根太《ねだ》が抜けてしまう。そこで早稲田大学へあずけられた。あずかった人間が杜撰《ずさん》な人間だったのであろう。どこかの廊下へ積んだまま放っておいた。なにも覆うものがないから、ひどい埃《ほこり》をかぶっていたそうである。そんなこととは知らぬ道人はある日、学生に、

「諸君、今日はわしが苦労して集めた瓦を見せよう」

といって学生をそこへ連れていった。見ると埃がごっそり積もっている。学生たちはどきんとした。雷が落ちると思ったのである。道人はしばらくそれを眺めてから、ただ一言、こう言った。

「諸君、これがわが早稲田大学のほこりである」

ある時、講義の最中に訊かれた。

「当代第一の歌人は誰であるか？」

うっかりした返事はできないので学生はみんな黙っていた。すると道人は言った。

「当代第一の歌人は斎藤茂吉《さいとうもきち》である」

誰かが「どうしてですか?」と訊いた。道人はすまして、

「斉藤茂吉はこの會津八一を認めた最初の男だからである」

学生はあいた口がふさがらない。これでは自動的に會津八一が当代第一の歌人ということになるではないか。

道人は学生の口があいたままふさがるまいが、ふさがろうが、まるで意に介していない。問題にしていないのである。学生の口があいたりしまったりするたびに身を細くしている当代の大学教授などとは、まるで人間の格が違うのである。

道人はまた訊いた。

「誰か斎藤茂吉の本を読んだ者はいるか」

一人が「はい」と答えた。すぐに道人が訊いた。「何を読んだか?」「『万葉秀歌』を読みました」「君はその本をどこで読んだか?」「帰省する汽車の中で読みました」「この馬鹿者!」。道人の怒りが突然爆発した。学生はキョトンとしている。怒鳴られる理由がまったくわからなかったのである。

「馬鹿者! あの本は帰省する汽車の中なんぞで読む本じゃない。書斎で端坐《たんざ》して読む本だ。そんな根性じゃ、おれの講義を聞く資格はない。出て行けえ」

こういう人であった。とうてい今日の甘ったるい、尺度で計れるような人物ではなかっ

たのである。

道人はただ豪放磊落《らいらく》というだけの人ではない。感受性の実に鋭い人であった。ある時、百済《くだら》国王の墳墓から出た金具や南京玉を識者が見学したことがある。道人の前にいた版画家棟方志功《むなかたしこう》が度の強い近眼鏡をかけた眼をすぐそばまで近づけて「これは素敵だなあ」と嘆声を発した。そのなんでもない嘆声が道人の耳には曠野《こうや》の雷鳴のように響いたという。感ずべきものを感ずることは実にかくも鮮烈であった。

この感受性の鮮烈が道人の精髄であった。だからこそ、奈良の古き仏たちに出会った時、あの数々の絶唱が生まれたのである。

奈良の新薬師寺に行き、香薬師《こうやくし》を拝んだ時、道人はこう歌った。

みほとけのうつらまなこにいにしへの　やまとくにばらかすみてあるらし

うつらまなことというから、眼をすえているのではない。遠くのほうを見ている。春がすみのような眼をしてはるかあなたを見ている。今の大和国原《やまとくにばら》を見ているのではない。いにしえの大和国原を見ている。誰が拝みに来たってなんとも思っていやしない。この、なんとも思っていやしないところが実にいい。なんとも思っていやしないのに、なんとなく香薬師の中に包みこまれているような感じがするのである。

仏像や仏画の表情は、つかみどころのないのが一流なのである。いいお顔と誰もが思うようなお顔は一流からちょっと下がっているような気がする。「いにしへのやまとくにばらかすみてあるらし」というようなお顔がいいのである。

仏像を彫り仏画を描くと、大体、描いた本人の顔に似るか、好きな人の顔に似てしまう。だから、なかなか仏さまの顔にはならないのである。

ところが、香薬師ほどの仏像になると、実になんともつかみどころがない。うらうらとのどかに明るく大らかで、人間くさいところがまるでない。こういうのがいいのである。

道人は唐招提寺《とうしょうだいじ》へ夕方行き、月光に照らされた金堂の美に打たれて、こう歌った。

　　おほてらのまろきはしらのつきかげを　つちにふみつつものをこそおもへ

唐招提寺は唐から来られた鑑真《がんじん》和上《わじょう》の建てられた寺である。招提というのは梵語《ぼんご》の「チャトゥル・ディシャ」(四方)の音訳である。この寺は戒律を授ける寺であるから、宗派に関係なく四方から僧が集まって来て戒を受ける。それゆえ唐招提寺と名づけられたのである。

この金堂の柱は「吹放し」といって、主たる建物の前面に列柱が横に一列に並んで美観を形成している。これはギリシャの建築様式を汲むもので、ギリシャから唐に入り、日本に伝えられたのである。

その列柱が月の光を受けて地上に長い影を曳《ひ》いている。その土の上を道人が踏みしめて歩いてゆくのである。ありていにいえば、月は金堂に向かって右手のほう、列柱に対して縦の方角から昇るのであって、列柱が地上に影を曳くことはないのではあるまいか。しかし、道人の心情の世界では列柱は影を大地の上に曳き、その上を道人が歩むのである。

道人は早稲田大学に来講した英国の文学者ラフカディオ・ハーン（小泉八雲《こいずみやくも》）の影響を強烈に受け、ハーンの愛したイギリスの詩人キーツの詩を専攻し、ハーンの母の故里《ふるさと》であるギリシャの文明に心曳かれた人である。キーツは月光の詩人といわれるぐらい月を愛した詩人であるから、月の光を浴びて立つ道人はいつもキーツを思い出したことであろう。

その月光が列柱を照らす。そこに見るのはギリシャを中心とする地中海の文明である。その文明を大きく受け入れた世界帝国の唐。その唐から来た鑑真によって建てられた唐招提寺。それらすべてを踏まえて立つ典型的日本人會津八一。こういう巨視的なスケールで歌われたのがこの歌である。歌もここまで来ると、芸術という領域を飛び超えて、一つの大きな文化精神のようなものになっていると思われる。

鳩《はと》の橋

道人の壮年期を語る珠玉の文字に、小笠原忠《おがさわらただし》氏の書いた『鳩の橋』という小品がある。

はじめ私はこの文章を「めくらに提灯《ちょうちん》」という面白いシリーズもののパンフレットで読んで感激し、このシリーズが廃刊されたあと、この珠玉の文章が湮滅《いんめつ》することを惜しんで、私と哲学者梅原猛《うめはらたけし》氏とで鑑修した「現代を生きる心」シリーズの第九巻『日々を新たに――妙好人集』（筑摩書房）にその全文を収めたのである。

それは道人が早稲田中学の教諭と教頭の職にあった十五年間の、ある時期に起こった出来事を教え子の小笠原忠氏がまとめたもので、人からどう思われるかなどということを考えもせず、信ずる道をまっすぐにいった道人の生きざまが鮮烈に描かれている。

早稲田中学の隣に明治の大政治家犬養木堂《いぬかいぼくどう》の邸がある。少年はその庭に鳩を釣りに行って、運悪く執事の老人につかまったのである。老人はその事件を教頭である道人のところまで持ち込んで、生徒の処罰を要求したが、道人は刎《は》ねつける。道人はこう言った。

「まあ、まあ、そうむきになりなさるな。あんたも承知していなさるとおり、第一、鳩はつかまえていない。むしろ、つかまったのはこの生徒のほうですぞ。しかも、この生徒は自分の組と名前をあんたに言っている。少年に大切なことは正直でなければならない事で、わしの学校ではそれを教育のモットーにしている。その点では、この生徒は褒《ほ》めてもいいと思ってますぞ。……要するに、あんたがいきまくほどの事柄ではないですなあ。鳩は日本中、どこにでも住んでいますぞ。犬養さんの屋敷は広い。だから鳩も遊びに来る。この理屈はわかってもらえましょう。いいですか。鳩が遊びにくる。その鳩と遊ぶために、うちの生徒が犬養さんの屋敷にはいる。それが犬養さんにとって、どれだけの迷惑になる、どれだけの迷惑があったと、おっしゃりたいのかな。……あんたの主人の犬養さんは、そんな人じゃないんですぞ。日本国中のあらゆる人たちが、どうしたら安心して幸福に暮らすことができるか、そればかり考えていらっしゃる。よろこんで犬養先生ご自身いつでも犠牲になろうと考えておられる。それが本当の政治家というものですぞ。鳩一羽ぐらいが、なんだというのですか。垣根を越えたぐらいが、いったいなんだといいたいのですか。

……

あんたがなんとおっしゃろうとも、あんたの指図によって処分することはできませんぞ。処分しなければならん時は学校が決定する。いくら偉い政治家だからといっても、うちの生徒を処分することはできない。いや、犬養さんという人はそんな方ではない。あんたの出る幕ではなさそうですな。まあ、今日のところは、お引き取りになってはいかがですかな」

　これで生徒は助かるのである。道人はいつもこんなふうに生徒の肩ばかり持ったのではない。時には秋霜烈日《しゅうそうれつじつ》の態度で生徒たちに臨んだ。

　道人の担当する修身の時間は、教科書がひらかれたことがない。ウイリアム・テルの話や、奈良の仏像の話でいつもおしまいになるのである。

　ある日、級長の滝沢《たきざわ》君が先生に質問した。

「この時間は僕たちにとって修身を勉強する時間です。それなのに、先生はちっとも修身の講義をしないで、ほかのことばかり話されるので、僕たちは、とても困っています」

「僕たちというのは、級長として級を代表しての意見という意味か」

「いいえ、誰にも相談はしていません。僕一人の意見です」

「君は修身とはなにか知っているかな」

「知っています。身を修める学科で、天皇に忠義をつくし、親に孝行をする、人の歩かなければならない正しい道を修めるものです」

「大馬鹿もの」

「――」

「先生は先生の考えに従って授業をしている。教頭として持っている方針にさからうものは退校だ。すぐに帰れ。……教頭として退校を申しわたす。学用品をまとめてすぐ帰れ。帰ったら急いで保証人に来るように伝えなさい。保証人にも先生から退校を申しわたす」

道人の語気は鋭く、本気で怒っていた。滝沢君は仕方なく荷物をまとめ、鞄を肩にかけて教室を出ていった。本当に退校したのである。

二日ほどおいて滝沢君が登校した。退校がとり消されたということであった。級長もそのまま続けることになった。滝沢君は急に無口な生徒になった。一学期の間、ついに教科書はひらかれず、試験の問題は「母に捧げる言葉」であった。少年は満点をもらい、得意になったが、きいてみると、みんな満点であった。いい先生だと、少年は思うのである。

夏休みがすぎて、滝沢君は以前のように明るく活発な少年に戻った。夏休み中、奈良に行っている先生から手紙をもらってからというもの、先生がとても好きになったというのであった。

——修身を教えられるのは神様か仏様たちだけである。欠点だらけの自分には修身などというものを教える資格はない。職務上、受け持たなければならない自分は悩みつづけている。そこで、どうにかして、少しでも学生たちの心を豊かにし、未来のためになるよう念願して、あのような方針を編みだした。今でも、あの方針をよいと確信して変えるつもりは毛頭ない。君を叱ったことを後悔していない。しかし、奈良で朝な夕な仏様といっしょに暮らしていると、その仏様から自分の未熟を叱られているような気がして、恥ずかしく思っている——

そういう趣旨の手紙であった。この手紙を通して、先生の温かい血が少年の肉体の中に流れこんでいったのであった。

少年はやがて先生の家に遊びに行き、熱海から帰る先生を待っている間に、机の上に置いてあった泥に汚れた土人形に眼がとまり、きれいに水で洗ってしまう。先生がどんなに喜ぶだろうと思ってしたのである。

次の日、道人は、生徒たちに和歌の話をしたあと、急に笑い出してこういう話を始めた。

「支那の南北時代に北斉《ほくせい》という国があった。その時代に土で作られた可愛い人形が時々掘りだされる。女官を形取った綺麗《きれい》な人形である。千年ぐらい昔のものである。こういうのを出土品という。朱や緑で彩られていて、ごく、単純で幼稚なものであるが、また、それだけに味の深いものだ。それを、いつでも眺めていられるように机の上においておいたら、それを洗濯してくれた者がいる。知らないということは、まったくしようのないことで、これで人形もただの人形になってしまった。

ところが、これは板橋の古道具屋で五銭で買ってきたばかりであった。古道具屋の親父さんが本当のことを知っていたら二百円以下では売らなかったろう。支那で掘り出された泥人形が、どこをどう渡って古道具屋の手に渡ったか知らないが、泥だらけだったから五銭で買えたので、また泥だらけだったからこそ親切にも洗濯してくれたのだ。せっかくの彩色が滅茶苦茶になってしまったが、この話は面白いねえ。

しかしだ、この話には金銭にかえられない面白さがある。おそらく先生にとっても一生の話の種になろうが、その親切な人にとっても一生忘れられない想い出になる事だろう。世の中というものはそれでいいのだ。そうでなければいけないのだ。本当に楽しいねえ。お金にはかえられない話だものねえ」

こうしてある日、別れの時が来る。道人は中学の教頭をやめ、英文学と東洋美術の教授として早稲田大学に赴任するのである。別れの挨拶はこうであった。

「かえりみて、私は最も悪い教師であった。私は今日まで諸君と遊んでばかりいて教えたことは一つもない。最後に一つだけ、私のことばとして記憶に残してほしい。それは中途半端が最もいけないということである。野球をやるなら、とことんまで野球をやれ。柔道をやるなら、とことんまで柔道をやれ。そして学問も同じこと、歴史でも物理でも、それが自分の一生の仕事ときめたら、それを、とことんまでやれ、ということを諸君に贐《はなむけ》のことばとしておくる」

こうして道人は中学を去る。去る時、少年に鳩を五羽くれる。

少年は年をとる。三十年とたち、四十年とすぎた月日の出来事は、すべて忘れてしまいたいことばかりである。しかし、その中で少年の日の思い出だけは年をとるに従って、いよいよ大事にしたくなるのである。

こうしてある日、道人が永眠した新聞の報《し》らせを、この人は読む。翌日この人は日比谷公園に行き、無数の鳩にもろこしと麻の実をまいてやる。鳩は競って芝生に降りてくる。

この小品の末尾はこう結ばれている。

「風におどろいたのか、一羽が飛びたつと、まるでみんなで示し合わせたように、一度に飛び立った。やはり低く輪を描きながら芝生の上を舞いはじめた。みんな同じ方向に向って、私のまわりをぐるぐると廻る。二千、三千の鳩が気持よさそうに飛びつづけている。私は見とれていた。一万、二万とどんどん殖えてゆくらしかった。風から生まれるのか、十万羽、百万羽の鳩は空をうずめて輪を描いていた。

そのうちに、一羽の鳩が北の空に向って飛ぶと、それにつづいて、他の鳩もそれに従って、輪はとかれて一本の帯のようになった。切れ目がない。どんどん北の空に向って飛んでゆき、地から湧くように鳩の群は後から後から続いてゆく。

北の空――そこに會津先生は眠られた。その北の空に橋でも掛けるように鳩たちは飛んで行く。この橋を渡って行ったら、先生に会えるかも知れない」

これは會津八一に対する鎮魂歌《レクイエム》である。これほどまでに教え子に慕われた道人はしあわせな人であった。

自尊、自得なるべし

道人は深い情の人であると同時に、峻烈《しゅんれつ》な人生の師であった。道人の家の壁間には「学規」というものが掲げられていた。

一、ふかくこの生を愛すべし

一、かへりみて己を知るべし
一、学芸を以て性を養ふべし
一、日々新面目あるべし

道人はこの一カ条一カ条についてみずから実践した人である。言いたい放題、したい放題に生きてきたかに見える道人が、多くの人々に尊敬されたのは、このきびしさを自分に課していたからである。

戦災にあって新潟に帰ってきた道人を『夕刊ニヒガタ』の社長に懇願し、道人晩年の生活を支えようとした門弟坂口献吉《さかぐちけんきち》は、道人に、

「人生に余生や残生はありません」

と一喝《いっかつ》されて、アッと額を叩《たた》いたという。常に人生に真正面から取り組んでいった道人の生きざまには、たしかに古武士の面影があった。

大正十五年に大泉博一郎《おおいずみはくいちろう》にあてた書翰《しょかん》を読むと、道人の人生に対する態度は終始一貫していたことがわかる。

「すべて落ちつきて仕事のすべてに一つぐに充分、力の入るやうに御勉強なされたく候。一生涯にて為《な》したることの数は多からずともよし、そのひとつぐによく力をこめて静か

に進むべし。此《こ》の人にあらずばよく為しがたしと思ふばかりの事、一つにても為さば、たゞ其《その》一事のみにて、其人は勝利者となり、成功者ともいふべし。貧乏にても名声はなくとも、やはり其人は成功者、勝利者たるべし。かならずあせらず落ちつきて御進みなさるべく候。

人は八面多角にてもよし、一方一面一意一徹にてもよし。但《ただ》しどちらにしても落ちつきて、意志つよく、自重、自敬、自尊、自得なるべし。一方一面に貫徹すれば、四方八面に目もひらけ来るものなれば、すべて外界からの刺戟《しげき》誘引に目を閉ざして自分の志を重しとし、其《その》志の赴く方へ、全力を用ゐらるれば、急がずとも、自分として行くべきところ、行き得るところまでは行けるなり。ただし、此《この》落ちつくといふことは、我等にても今尚《な》ほむつかしきことの一つに考へ居ることにて、折々おもひ出しては、落ちつくやう落ちつくやうと、心がけ居るありさまにて候へば、貴下の年配としては、むしろ当然とも考へられることながら、御同様、気をつけて落ちつきて、美しき人になりたく候」

この大泉博一郎あての書翰に「美しき人」と道人が言ったこれは、道人の理想像である。読む人に鮮烈な印象を与えずにはおかぬことばである。富んで豚のごとく生きるよりは、貧しくとも美しく、さわやかに、大らかに生きたいと願う私にとって、忘れることのできない書翰である。

道人はこの「美しき人」を、「人格の鮮かなる人」といい、「人格の美しく尊き人」ともいった。この書翰の二年前に同じ大泉博一郎にあてた書翰にはこう記されている。

「材木をみれば、木理《もくめ》の通つたのをよろこび、絵をみれば、刷毛目《はけめ》の鮮かなるが心地よきやうに、人間もすつきりと木地の確かなるものでなくては、善人にても悪人にても、ともかくも問題に上しがたく候。人格とは即ち此《この》木地のことにて候。木地によりてたのもしくもなり、何となく底力のあるやうにもなるにて候。此木地をすつきりとさせるには、我がままのみにても、感情一方にても不可能なり。忍耐も犠牲的精神も無くてはならぬものなり。忍耐すればこそ、底力もあらはれ、犠牲的精神あればこそ、いたましくも人の心の底をも動かすべき風情の何処となく現はれ来るなれ。此点は深く深く御三省可被下《くださるべく》候。今も古も同じことながら、世上には人格の鮮かなる人少く候。人格の美しく尊き人は、更に少く候」

道人は、まこと、美しき人であった。「心の落着き」「忍耐」「犠牲的精神」「勇猛心」をきびしく自己に課し、きちんと実践した人である。「男のあるべきよう」たるきびしさ、強さ、激しさに徹底した人である。それだけに、男として、まれに見る美しき人であった。まれに見る偉丈夫であった。

歌を詠《よ》む者は、凛々《りんりん》としていなくてはならぬ
――生涯病んだ歌人、吉野秀雄《よしのひでお》

柔軟の心魂ひとたび感を発し

昭和四十六年の新春に、私は、次のような賀状を書いて有縁《うえん》の人々に送った。私の毎年の賀状は、上段に自分の感銘した人の文章を書き、下段にその年の心境を記すのがならわしである。その年は歌人吉野秀雄先生の心事に感銘してこう書いたのである。

歌をよむにはリンリンとしなければならぬ。内に満つるものがあつて、それが鋭く一所に集中するあの気概のことだ。

柔軟の心魂ひとたび感を発し、それがやむにやまれず、一点の突破口を見つけて噴騰するというのが歌の本質だ。

吉野秀雄『やわらかな心』より

賀春

昭和四十六年　元旦

雪に埋れた五輪峠や小岩井農場、寒風吹きすさぶ佐渡をあるきながら、吉野先生の「柔軟の心魂ひとたび感を発し」の一句を思いつづけていました。この一年、この一句に徹して生きたいとねがっております。苦難にめげず、凛々《りんりん》と生きたく思います。

柔軟ということばは、法華経の中に「質直《しちじき》にして意柔軟に」という形であらわれている。字だけ見ると「やわらか」であるが、なかなか、ただやわらかなだけでは柔軟とはいえぬのである。

私たちがものごとを考えたりする時のはたらきのことを「心」というが、これに「魂」が加わって「心魂」という時、それは「いのち」とでもいうべきものになると思う。

魂というのはなにか。人間はふつう、心と体でできているという。その心も体も両親から遺伝する。

しかし、それだけでないものがある。男性の精子と女性の卵子が結合しただけでは人間のいのちにはならぬのではないか。そこにもう一つ「霊」とでもいうべきもの、あるいは「魂」とでもいうべきものが加わってはじめて人間のいのちになるのではあるまいか。

この魂はどこから来るかというと、父母以外から来る。神さまから来るといってもいいし、仏さまから来るといってもいい。そういうものが人間の性格をもっとも決定的にするのである。考える心のもっとうしろにあって、その人の生き方を決定する魂というものがある。その二つを合わせて心魂という。

その心魂が感を発する、という。これは、感動したとか、感銘したなどというものではない。自分の心魂と仏のいのちとが一つになることである。仏教ではこれを「感応道交《かんのうどうこう》する」という。

人間を超《こ》えた大きな、永遠ないのちというものがこの世界と人間を動かしているのだと仏教では考えるが、この大きないのちが、吉野秀雄という歌人の揺れ動く心魂に訴えかけ、また応え、そして一つになる。

その時、歌人の心魂は、やむにやまれぬ激しい衝動に駆り立てられ、一点の突破口を見つけて噴出し、突出し、噴騰するのだという。その時、歌ができ、詩ができ、芸術が生まれるというのである。

こうなるためには、一生懸命でなくてはならない。一瞬一瞬に自分のすべてを賭《か》ける体《てい》の生き方がなくてはならない。そんなことをしたら損だ、力は温存しておかなくちゃ、などという小利口な人間には絶対にこういう感動は起きない。

細く長く楽しみながら生きようというみみっちい人間からは芸術は生まれて来ないし、全心全霊をあげて陶酔するという感動は起きないのである。

さて、一生懸命になるためには、体が丈夫でなくてはならない、しょっちゅう体のあちこちが痛んでいては一生懸命になれるわけがない、と、こうすぐ考える。そしてそれはそのとおりなのだが、そうすぐ考えるような奴は一生懸命になったことがないからではないか。

第一、この吉野秀雄という人は一生、病気と仲良くしていたような人なのである。だから、病苦・痛苦を上回る男の精気のようなものがなくては、一生懸命にはなれぬのである。

私の友人に安西豊三郎《あんざいとよさぶろう》という、歌を作る人がいて、先年ついに亡くなった。この人なんか東大病院に入院しっ放し、酸素吸入しっ放しで、医者が「こんなに長い間酸素吸入しつづけて生きている人は見たことがない」と言ったほどで、酸素吸入では日本医学界のレコードを作った男である。しかも彼は、酸素吸入で生きていながら『鶴林』という歌集まで出したのである。

この人から賀状のお礼状というのをいただいた。

「先日先生から戴《いただ》いた年賀状、なんどもなんども、くり返し拝見しました。この世に生をうけて五十年、こんなにもいつまでも心にしみる年賀状をどなたからも戴いたことはございません。吉野秀雄の心が、先生のお心が、葉書からはみ出してきて、私に語りかけてくる、というより、とびこんでくる、と言った方が実感でした。本当に有難うございました。

今身体の具合のよい時をみはからって『やわらかな心』を読ませて戴いて居ります。私もかつては短歌を少々かじりましたが、こうした一本にまとまったものを見ると改めて吉野秀雄の偉さが分るような気がします。見過していた短歌もさることながら、あれだけの業を背負いながらなおかつ生きてあることへの讃歌を惜しまぬ気力に敬服しております。私も吉野秀雄に負けないように頑張りたいと思っています」

この人は、病気という点からいえば吉野秀雄先生よりははるかに厄介な病苦を背負っている人である。そういう人だから、こういう返事が書けたのである。苦しみを深く知る者は、他人の忍苦の尊さがよくわかるのである。貧の中でのん気にすっきりと生きている者は、清貧の士のさわやかな生き方がわがことのようになつかしく、うれしく共感されるのである。

なにしろこの人は、私の賀状を読んだとたんに、あーっと思った。ここが人間の分かれ目ではないか。すばらしい自然の中に出て来た時、心魂を揺り動かして、あーっと長歎息し、感動し、かたわらの者に素直にその感動を伝えられる者こそ幸せである。

すばらしい景色を見た時、おいしいものを食べた時、すばらしく美しい人を見た時、うーんと唸り、「ひええ、畜生！」と叫べる者は、心魂が揺れ動いている。かかる者は、竜が玉を吐くように、いのちを吐くに至るのである。

病いこそは人生の師

吉野秀雄は上州高崎の生まれ、慶応義塾大学経済学部在学中に結核におかされて退学、のち俳人正岡子規《まさおかしき》の影響を受けて作歌生活に入り、昭和歌壇に異彩を放った一人である。その生涯はほとんど、貧苦と病苦との闘いであった。

癒《い》ゆる日のなしといはざりさりながら　おもふに堪《た》へねその遙《はる》けさは
大寒の夜中の二時にめざめゐて　人に秘むべき吐息つきたり

歌人は戦争のさなかに最初の妻はつ子を病いで失い、のちにキリスト教の詩人八木重吉の未亡人とみ子と再婚した。昭和四十二年七月十三日に病没。墓は鎌倉瑞泉寺《ずいせんじ》のひっそりと静かな山ふところの墓地の一隅にある。

病いに終始したとはいえ、吉野秀雄は凛々《りんりん》たる男であった。貧乏しても、病気で死にそうになっても、馬鹿正直ではあっても、凛々たる気魄《きはく》を失わぬ真の男であった。身心の中にいつもみなぎりあふれるものを持ち、それがいつ噴き出してくるかわからぬという緊迫感を持していた。外貌はおだやかでおとなしいが、白刃をふところに呑んでいるようなおそろしい緊迫感があった。

こういう人であるから、凛々と生きた男、生きざま、死にざまの透徹した男には無条件でひかれるのである。

歌人が惹《ひ》かれた第一の男は正岡子規であった。子規は、「アララギ」を主宰し、「明星」の主幹である与謝野鉄幹《よさのてっかん》とは文学に対する立場を峻別《しゅんべつ》し、「鉄幹是《ぜ》なれば子規非なり。子規是なれば鉄幹非なり」という立場を固持した。両方ともいい、などという生ぬるいことでは我慢できぬ激しい性格であった。はっきりした男である。是を是とし、非を非として一歩も譲らぬ鉄心石腸《てっしんせきちょう》の男である。

子規は肺結核と脊髄結核を痛み、明治三十五年、三十六歳の若さで死んだ。最後の数年間は床に釘付けの状態となり、苦痛の叫びは横町全部に鳴りひびいた。人に聞かれたら恥ずかしいなどという気は子規にはない。痛い痛いと小声で愚痴るのではない。声を振りしぼって絶叫し、叫喚したのである。

それでも子規は、絶叫しながら毎日、新聞の原稿を書いた。それは死の二日前まで続いた。毎日新聞の原稿を書くことがどんなにつらいことであるか、これは書いた者でなくては到底わからないであろう。

私は以前、産経新聞のコラムを半年間つづけて書いた。毎金曜日に担当者が原稿を取りに来るのであるが、実にやりきれない思いで金曜日を迎えたものである。

しかし、私は一週間に一度、子規は毎日である。その苦労たるや推して知るべし。それが死の二日前まで続いたのである。

死の半日前に子規は、へちまの句三句を書き、これが絶筆となった。

糸瓜《へちま》咲て痰《たん》のつまりし仏かな
痰一斗糸瓜の水も間に合はず
をとゝひのへちまの水も取らざりき

この最後の一句の「をとゝひの」を、子規はあやまって「をとひの」と書いた。「と」を一つ落としたのである。死の直前に子規はそれに気がついた。かたわらの者にひと言、「とを書きそえておいてくれ」といえばすむことである。しかるに子規は、眼をみひらいて筆を執り、「と」と書き加えて、死んだ。

なんともすさまじい執念、意志、死にざまであった。歌人はこの子規の生きざま、死にざまに絶大な感銘を受けた。それを歌人は、淡々とこう記している。

「わたしなど年久しく病床暮らしをやつてみて、ますます、子規のえらさがわかつたし、子規をおもへば、たいていの不満もがまんできるのである」

歌人の最初の妻はつ子は、病弱の夫を献身的に看《み》とり、家を守っていたが、四十を過ぎてから胃を病み、昭和十九年の夏にあえなく死んだ。四十二歳であった。

絶命する日の前夜、死にゆく妻は夫に向かって、夫婦の交わりをしてくれと求めた。それは病苦必死の願いであった。歌人はそれをかなえてやり、のちに歌に詠んだ。

真命《まいのち》の極みに堪へてししむらを敢てゆだねしわぎも子あはれ

これやこの一期《いちご》のいのち炎《ほむら》立ちせよと迫りし吾妹《わぎも》よ吾妹

ひしがれてあいろもわかず堕地獄《だじごく》のやぶれかぶれに五体震はす

評論家山本健吉《やまもとけんきち》はこの歌を『日本の恋の歌』（講談社・現代新書）の中にとりあげてこう記している。

「この連作で、われわれを瞠目《どうもく》させるのは、あとの三首です。これほど厳粛なものとしてよまれた男女交合の歌は、ほかにないのです。しかも、そこには、そのことをおぼめかし、美化して歌おうとする配慮の一点の余地もないのです。その命の合体の一瞬に、いささかの享楽的要素もないのです。

なにか根源の生命への欲求、愛憐の情の極地ともいうべきものに促された、せっぱつまった一つの行為であり、それゆえそれはこのうえもなく厳粛なのです。こういう歌を作るには、やはり作者の大きな勇気がいります。人生の厳粛な真実に、おめず立ち向かおうとする勇気です。そのために、わたしはあえてこれをここに取り上げました。」

吉野秀雄の心魂の中に、根源の生命への欲求、あこがれ、祈りのようなものが渦巻きあふれていたからこそ、このせっぱつまった行為は、人に襟を正さしめ、心胆を寒からしめる体《てい》の、すさまじい迫力の歌となったのである。

吉野秀雄とは、かかる男であった。かかる男に死の直前に抱かれたその妻はつ子は、以《もっ》て瞑《めい》すべきである。

涙落としてわが去らむとす

吉野秀雄の師事した歌人は、秋艸道人會津八一《しゅうそうどうじんあいづやいち》である。新潟の生んだ、このたぐいまれな心魂の偉丈夫は、東洋美術の研究においても、書においても、歌においても、一流中の一流というべき人であった。この會津八一の全人格が、吉野秀雄に与えた感銘と感化は、実に絶大なものであった。

會津八一の、弟子の歌にたいする批評の態度は、しんらつをきわめていた。歌稿を一目見るなり、くしゃくしゃとまるめてくず籠に突っこんだり、湯呑みの下に敷いたりした。それでいて、見るべきところはちゃんと見ており、適切な助言を必ず与えたのであった。

吉野秀雄は『南京新唱《なんきょうしんしょう》』の中に理解できぬ歌が二首あったので書翰で訊《たず》ね、それが縁となって、道人のところへ出入りするようになった。吉野秀雄が、初めて自作の歌を唐筆で清書して道人の批評を乞うた時、道人は眼も通さず門下生たちと話を続けていた。そのうち、畳の上に番茶がこぼれると、いきなりその歌稿で拭《ふ》いて、くず籠に放りこんだ。並居る門下生は、みな息を呑んだ。

この時、吉野秀雄は、「まだ自分の歌が至らぬためだ、もっと修養せよということだ」と自らをはげまして歌道に精進したという。

道人が吉野秀雄の歌を印可したのは、昭和二十二年の『創元』にのった作品を読んでからだというから、実に二十年余、かえりみなかったのである。

のちに道人はこう書いている。

「いやしくも芸術に志を立てて、一生涯を賭《と》して成否を問ふといふことになれば、いつまでも、なま温い乳房などをあてにすべきではない。芸術に専念して精進するなら、たより無さは子も親も変りはない。吉野さんを二十何年振り向かなかつたといふ私自身もまた、誰からも振り向いて貰《もら》はずに心もとない修行を今もつづけて、四十年にもあまるのであるから、云はば御互に親不知、子不知の境地である」

こういう師を持ち、こういう師に見守られていた吉野秀雄はしあわせな人であった。

會津八一危篤の電話を聞いた時、歌人は直ちに夜行列車で新潟に向かった。翌朝、新潟医大外科病棟に着いた時、会津八一はすでに意識不明であった。しかし、手を振り、足を蹴り、リンゲルや、ぶどう糖を注射する時、押さえつける看護者に抵抗して起き上がろうとするその力は、四十五、六歳のものといえるほどに強かった。

歌人は、広やかに胸を押しひろげて、迫り来る死を迎え撃《う》とうとするかのごとき會津八一の大丈夫の貫禄《かんろく》にうたれたのである。

この師の最後のことばは、「會津八一を知らんか！」であった。瀕死《ひんし》の病人の口からこの大音声《だいおんじょう》が出たのであった。歌人は「これは先生が死をしかりつけた声だと、わたしは解している」といっている。

會津八一の遺骸は、青山という浜辺の火葬場で、暗雲の乱れ飛ぶ空の下、潮鳴りと松風のごうごうと鳴り渡る中で荼毘《だび》（火葬）に付された。骨は山のごとく多量であったという。

この時歌人の作った歌は、

　五尺大のボムベ押し立て酸素瓦斯《ガス》吐き吸ふ君となり給ひしか
　轟《ごう》々と飛砂防止林鳴るなべに君がうつせみ火に融《と》けたまふ

である。

この時歌人は涙を流さなかった。大丈夫はかかる時に涙を流すべきでない。黙々と悲しみに耐えてこそ、會津八一の弟子というべきであった。

吉野秀雄が涙を流し、男泣きに泣いたのは実に深夜、信濃川にかかる長大な万代橋の橋上においてであった。

万代の橋より夜半《よわ》の水の面《も》に　涙落としてわが去らむとす

新潟駅のすぐ手前に、万代橋という長大な橋がかかっている。これを渡らねば駅には行けぬのである。

歌人は夜半、駅に急ぐべく徒歩でこの橋を渡った。この橋を渡れば、師會津八一の魂の眠る新潟の街に別れを告げるのである。

見おろせば、眼下はるかに真っ黒な夜の信濃川の滔々《とうとう》たる流れが、みなぎりあふれて海に向かう。歌人の悲哀はここにきわまった。歌人は欄干《らんかん》から身を乗り出して号泣した。次々にあふれ出る涙は、奔馬《ほんば》のごとき信濃川の流れの上にまっすぐに落ちていった。男の涙はかくあるべきである。男の悲しみはかくも深いのである。

こうして、吉野秀雄は新潟の地を去った。歌人の心の中で、會津八一という一つの巨大な歴史が、幕をおろしたのであった。

吉野秀雄の二番目の妻はキリスト教の詩人八木重吉の未亡人とみ子である。彼女は初め家政婦として吉野家に来た。そして、最初の妻の死後、病苦と貧苦のため壊滅寸前の状態にあった吉野家を救い、やがて望まれて歌人の第二の妻となった。歌人の後半生をして明るくおだやかなものたらしめたのはこの人であった。歌人はこの因縁に謝すべく、八木重吉の詩を編集して『定本八木重吉詩集』（弥生書房）を世に出したのであった。

昭和三十九年の五月十九日に、歌人の長男が突然発狂した。この人は肺を病んで手術すること八回、ようやく立ち直ってこれからという時に恋をし、それに破れ、発狂したのであった。ある朝、自分の描いた油絵を軒下に山と積んで火を放ったという。火を見て逆上したこの人は、二階に駆け上がって火をつけようとし、止める者は殺すといって切出しを構えたりした。結局四人の警官に取り押さえられ、保護留置のあと精神病院に送られたのである。この時の心境を歌人はこう記している。

「世間に不幸は無限に起り、流行病・交通事故・海や山の遭難等、毎日マスコミが報道してもしきれないほどあるが、その一つが具体的に、こんな形でわが家にふりかかろうとは、夢にもしらなかつた。わたしの心臓はまさにとまらうとし、わたしの脳裡《のうり》にはさまざまな妄想《もうそう》がひらめいた。――わたしの命がいま絶えたら、どんなによからう。いつそかれを殺し、自分も死んだら、始末がつきやすいのではなからうか。自分も発狂し、精神病院でかれといつしよに暮らせないものだらうか。しかし、いふまでもなくできないことはできない。無力であるよりすべはない。第一せがれの不幸にまきこまれたからといつて、自分だけの安逸《あんいつ》をねがふなど、贅沢《ぜいたく》も無責任もはなはだしい。なんとしてもわたし自身がこの出来事を直視しなくてはならない。でも絶望しきつたわたしに、それがはたして可能であらうか。

とつおいつ、とまどつてゐるとき、わたしははからずも、ナムアミダブツ、ナムアミダブツと、二声三声唱へた。からだ全体で、しかもしぜんにうながされて、こんなあんばいに称名《しょうみょう》念仏できたことは以前に覚えがない」

歌人の死後、一旦《いったん》病いも癒え、すこやかになったかに見えた長男が突然自殺した。その悲しみを見ることのなかったことが、せめてものことであったと、私はしみじみ思うのである。

吉野秀雄の生涯は、一見地味に見えて、しかもきわめてドラマティックであった。力弱げに見えて、しかも男の精気にあふれていた。枯淡な植物のごとくに見えて、実は動物的な生命力に燃えていた。貧苦、病苦、恩愛の苦しみの中で恥をさらして歩き、しかも凛々たる孤風を感ぜしめる男であった。

吉野秀雄は凛々と生きた男である。しかも、繊細な情にあふれた男であった。

凍空《いてぞら》に陰なす魄《たま》をかき抱く　かぼそき月よ妹ぞこほしき

おもかげをしのぶ情《こころ》は繊月《ほそづき》の　光《かげ》研ぎ出《い》だす天にさまねし

情にあふれ、しかも透徹、歌の道に一生を賭け、歌人として生き抜いた男であった。臨終にあたってはいささかの念も残さなかったであろう。

瑞泉寺に梅の花の香るころとなった。お墓に詣《もう》でるのが楽しみである。

かなしい日はかなしみのみちをゆきくらし
——八木重吉《やぎじゅうきち》と高村光太郎《たかむらこうたろう》

草にすわれば、それがわかる

現代は人間の値打ちを、勤めている会社の知名度や、その地位や、財産や、住んでいる家などできめようとする。それはきめる側に人間を見る眼がないからである。そこで、眼に見えるものを尺度にして価値をきめざるを得ないのである。

しかし、人間というものは価値で優劣をきめられるようなものであろうか。

八木重吉《やぎじゅうきち》というキリスト教の詩人がいた。貧苦の中で多くの詩を作り、二人の子を成したが三十一歳でこの世を去った。二人の子も十代の半ばで相次いで死んだ。残された妻とみ子は、縁あって歌人吉野秀雄の第二の妻となった。

詩なんどというものにとりつかれたばかりに、八木重吉は貧苦の中で死んだ。死後、ようやく名を知られたが、それでもなお、ごく一部の人にしか、知られていない。詩以外には、眼に見えるようなものは、何ひとつ残さなかった男である。だからといって、八木重吉は無価値であったろうか。

私がまだ学生のころ、八木重吉の詩が好きだという男に出会ったことがある。私はそのころ、八木重吉という名さえ知らなかったので、その男に訊いた。

「八木重吉という人はどういう人だ？」

「どうとかこうとかいえないような人だ」

「じゃあ素敵な人か？」

「うん、素敵な人だ」

その時はそれだけで、私は別に重吉の詩は読まなかった。戦争からもどって五年ほどたってから、八木重吉の詩は自然に近づいて来たのであった。

人間には「時機」というものがある。相手の「時」とこちらの「時」とが相応しなくてはだめなのである。

また「機」は人間の才能・能力・持って生まれた器量などのことで、これが相応しなくてはだめなのである。

それに「場」というものも問題になる。日蓮上人《にちれんしょうにん》という人は「教《きょう》・機《き》・時《じ》・国《こく》・序《じょ》」がそなわっていなければ経典というものはわからぬといっている。詩の場合はそこまでいうことはないが、やはり、時機相応しなくてはわかるものではない。八木重吉の詩に、

わたしの　まちがいだつた
わたしの　まちがいだつた

こうして　草にすわれば　それがわかる

という詩がある。人間には「まちがいだつた」ということが本当にわかる時がある。人間のすることに「絶対間違いはない」ということがあるものではない。絶対間違いでない、と主張する時は大体間違っている時である。何日か、何年かすると、それがわかる。「草にすわれば」それがわかるのである。

高村光太郎《たかむらこうたろう》の「人類の泉」という詩の中に、

わたしの正しさは
草木《そうもく》の正しさです

という。草も木も、根というものを地下に張る。人間の眼には見えないが、地上に十メートル伸びる木は地下に十メートル根を張っているのである。これを「草木の正しさ」という。人間は根もないくせに、十メートルも二十メートルも伸びようとする。それを「まちがい」というのである。自然と一つになればそれがわかる。

戦時中、私は工兵の隊長であった。夜寝る時になると、部下が干草《ほしくさ》を集めてきて、それをうず高く積む。毛布を一枚敷いて、その上に寝ると体がふわりと沈んで地上十センチのところでとまる。その上からもう一枚毛布をかけて眠るのである。その中はどんなに寒い日でも暖かかった。この草の床は私にさまざまなことを考えさせた。ほんとうに土に抱かれ、草に抱かれて眠っているという感じであった。心が澄んで、ことに、自分の間違いにはすぐに気づかせられたものであった。

とうもろこしに風が鳴る
死ねよと　鳴る
死ねよと鳴る
死んでゆこうとおもう

この詩の中には独得のテンポがある。二行目と三行目は同じ文句ながら、一字明けてあるとないとの違いがある。二行目の「死ねよ」というのが強い。「死ねよ」と風に命令されている。それを自分の体の中で「風は何と言ったか。死ねよと言った。そうか死ねよと言ったのだな」と納得する。これが三行目で、最後に、静かに、「死んでゆこうとおもう」と来るのである。これは「宿業随順《しゅくごうずいじゅん》」の姿である。大いなるものの声の前には、絶対的に素直な人であった。

おおぞらの　こころ

わたしよ　わたしよ
白鳥となり
らんらんと　透きとおって
おおぞらを　かけり
おおぞらの　うるわしいこころに　ながれよう

「らんらん」とは、やる気が燃えていることである。それが「透きとおる」とはどういうことか。透き通るとは、人間臭いものがなくなることである。やる気十分の時、人間臭さもまた十分になる。人間、やる気に燃えている時は、どこかに我欲というものがある。一旗揚げよう、あっといわせようという気持ちの底に虚栄心がある。虚栄心は、どこまでいっても人間臭いものである。それは濁りであり、透き通らぬものである。

それが透き通るとすれば、それは自分の意志のうしろに大きな力が動いている時だけである。その大きな力とともに流れてゆくことを、八木重吉は「おおぞらの　うるわしいこころに　ながれよう」といった。

「おおぞらのうるわしいこころ」とは「神のみ旨《むね》」ということであろう。神のみ旨のままにどこまでも流れてゆこうというのである。他人の目からは大空を翔《か》けているように見えようが、実は神のみ旨のままに流されているのだと彼はいう。

日本人は、わが命を鳥に托《たく》した。大津皇子《おおつのみこ》は自殺する直前に、

百伝《ももつた》ふ磐余《いわれ》の池に鳴く鴨《かも》を今日のみ見てや雲隠りなむ

と歌った。

日本武尊《やまとたけるのみこと》が死んだ時、墓から白鳥が飛び立って大空を翔けた。人々は、尊の魂が白鳥に化したと信じて、白鳥の降り立ったところにまた墓を建てた。尊に対する愛慕、愛憐のこころの深さがこれをなさしめたのである。

「わたしよ　わたしよ　白鳥となり」とは、「わたしが死んだら」ということになる。死ねば白鳥となって大空を翔けるという表現の中に、親鸞と同じ世界があるのを見る。

親鸞は、人間には本当の力はないゆえ、いかに人を救おうと思うたとて思うようにはならぬ、まず自分が仏にならねばならぬと言った。すなわち『歎異抄』第四条に、

「今生に、いかにいとほし、不便《ふびん》とおもふとも、存知《ぞんち》のごとくたすけがたければ、この慈悲始終《しじゅう》なし」

「浄土の慈悲といふは、念仏して、いそぎ仏になりて、大慈大悲心をもて、おもふがごとく衆生を利益《りやく》するをいふべきなり」

というのがそれである。八木重吉のこの詩と、『歎異抄』の第四条には相通ずるものがある。

しかし、人間として生まれ、正しいと思う道を行きながら、世に理解されず、また、人間の力には限界があることをふつうの人以上に痛感させられるのは、かなしいことである。この詩には、一点、悲感というか、哀感というか、どうにもならぬさびしさがある。八木重吉は生前よく理解されず、さびしい人生だったのだなと思う。どんなにさびしくとも、その道を行かないわけにはゆかなかったのだなと思う。

欠けに居直る

八木重吉とて一人の人間、その心の中には、ふつうの人間と同じ愛や、憎しみや、怨みや、愚痴などがたくさんあったろう。

透き通りたい気持ちが人並み外れて強いだけに、それがやりきれなかったであろう。こんな詩を歌っている。

こころに　憎しみのないひとこそ　とうとくも　おごそかだ
わたしには　それが　できない
あのひとの　このひとの
みにくさを　にくまずには　いられないわたくしみずからの　みにくさものろう
ただ――にくみながら　のろいながら
しらんふりして　わらっているのだ
これが　わたしの　最全《ベスト》なのだから

＊

わたしのあさはかさ
わたしのふがいなさ
わたしのちからよわさ
だが　これらをわたしがもっているとしたら
これらをもってうまれた必然性がないだろうか
これらすべてがいつの日か
かけがえのない機縁となって
わたしをあの空へつれていってはくれないだろうか

あさはかさ、ふがいなさ、ちからよわさ、これらは「欠け」である。「円満具足」の反対である。その欠けを満たそうと努力することが、その人を「空」へつれていってくれる。鎌倉時代の祖師がた、親鸞上人でも、道元《どうげん》禅師でも、日蓮上人でも、一遍《いっぺん》上人でも、みな「欠け」を持っておられた。欠けを持たぬような人は、一人もいなかった。欠けを自分の必然性と考え、それを機縁として、「あの空」すなわち「浄土」というべき円満具足の世界に往かれたのである。

私は小学三年生の時、肋膜炎《ろくまくえん》を病み、棺桶《かんおけ》へ足を半分突っこんだようなありさまのままで中学に入った。広島の修道中学に口の悪い体操教師がいて、「おまえはここへ入って来た時、棺桶に足を半分突っこんだようなありさまだったな」と、よく毒づいたものである。今それをいうとみな笑うのであるが、体力のなさから来るみじめな思いは、したたかに味わったのである。それが旧制広島高等学校に入ってから丈夫になり、大学二年の時、広島の五師団工兵連隊に入ってからは叩き殺しても死なぬ体《てい》のふてぶてしさを身につけるようになった。自分の力弱さ、ふがいなさを骨の髄まで情けないと思ったので、工兵連隊に入ってからは、絶えず一歩前、二歩前と人よりも前に体を押し出すようにして生きていったのである。

おかげで、任官して関東軍の工兵連隊に赴任しても、精強の兵に伍《ご》して一歩もひけをとらなかった。戦車壕を掘っても、舟を漕いでも、防毒面を被って走っても、完全軍装で行軍しても常に先頭を行くことができたのである。
あさはかさ、ふがいなさ、ちからよわさ、これらを持って生まれたのには、持って生まれただけの必然性があったことを思い、嘆くよりも、それを機縁として空へ翔けることを考えるべきではあるまいか。

すこやかなものが
むねにたまる日のちからづよさよ
木のちからが
葉に化《な》ってゆく
そのさやかな転生《てんじょう》のこころをかんずる
その日には
山をさえうらやまず
季節のすすむように自在にあゆんでゆく

「すこやかなもの」とは、人間を超《こ》えた大いなるものの力のこと、仏さまの力といってもよく、神さまのちからといってもよい。そういう力が胸にたまる。胸の中に沈んできて自分の力になる。その時、生きていることの力強さがわかる。それがわかると、木の力が葉になってゆく世界がわかる。葉は秋になると散る。散る時はいささかの念も残さず、さらさらと一夜のうちに散ってしまう。そして春が来れば、また新しい葉をつけるのである。春になればまた新しい葉がつくということがわかっているから、秋の葉はなんの念も残さず土に帰るのである。この執念なき輪廻転生を「さやかな転生のこころ」という。「その日には」というのは、「むねにたまる日」を受けていると同時に、自分の死ぬ日のこともさしている。その時、変わりなく存在しつづける山をうらやむことなく、この世の命を捨て、あの世へと旅立つ。それもちょうど季節の進むように自在に歩んでゆく。どう狂いようもない確実さで、まっすぐにその世界に進んでゆくのである。

すこやかなものに自分を任せてあるからといって、自分はなにもしないでもいいというわけにはゆかない。悲しみ、よろこびの一つ一つを味わいながら、丹念に、一念に歩んでゆかねばならぬのである。

詩はなにゆえにとうといか
なにものもうばうことのできぬせかいであるゆえ
かなしい日はかなしみのみちをゆきくらし
よろこびの日はよろこびのみちをゆきくらし
たんねんにいちねんにあゆんできたゆえ

かすかなまことがみえてきた
じぶんでみつけねばたれも力をかしてくれぬ
このひとすじのたびはつらかったが
こわたれぬせかいがすこしみえてきたかたじけなさ
わたしを殺さねばこのせかいはうばえぬ
わたしのようにくるしみ
わたしのようにめぐまれてあらねばこのせかいはみえぬ
いつの日からんらんとみえてくるだろう
いつかはっきりとうたをみることができるだろう

私はこの詩の中の「かなしい日はかなしみのみちをゆきくらし　よろこびの日はよろこびのみちをゆきくらし」ということばが大変好きである。

昭和十八年の暮れから終戦の翌年まで続いた軍隊生活と戦争の生活と捕虜の生活は実に「くるしい日はくるしみのみちをゆきくらし　よろこびの日はよろこびのみちをゆきくらし」の四年間であった。くるしくとも、せつなくとも、忘れようなどとは思わず、生涯絶えず思い出していようと思うのは、その四年間のあいだ一生懸命に生きたからである。まごころをつくして生きたからである。そして、男しかいない社会で男と男とがぶっつかりあう、なんともいえずさわやかなよろこびを味わいつくしたからである。思えばそこは、くるしみ、そして、恵まれてある世界であった。恩愛の絆《きずな》にわずらわされぬのが殊によかった。私に「壊《こわ》たれぬ世界」が少し見えたのはその時であった。

雲白く積めり

私は岩手県が好きである。詩人宮沢賢治《みやざわけんじ》を生み、晩年の高村光太郎を雪の中に迎えたこの土地が好きである。

光太郎は、花巻《はなまき》からはるか山奥に入った太田村山口の小さな小屋に住んで、終戦後の数年を送った。冬のさなかに私はこの山荘を訪ね、猛吹雪に阻《はば》まれてついに断念したことがある。秋も冬に移りゆくころにこの村を訪ね、滝のように降る雨の中を、一面輝くような褐色の樹林の中を抜けて小屋に到《いた》ったことがある。四月のうららかな日に小屋を訪ねようとして、宮沢賢治の弟さんの清六さんに相談したら、前日大雪が降ったから、あそこまでは行けぬという。

その日はあきらめたがどうにも納まらず、翌朝また清六さんに電話して、雪の中を泳いででも行くと言ったら、清六さんがびっくりするような大きな声で「紀野さん、あなたは運のいい人ですね」という。何が運がいいのかと思ったら、太田村の村民総出で雪掻きをして、通れるようになったというのである。大喜びで清六さんに同行していただいて小屋まで行ったが、小屋のあたりは積雪一メートルで、泳ぐようにしてたどりついたのが忘れられぬ。この時、終戦の年に光太郎が作った詩を思い出した。

雪白く積めり

雪白く積めり。
雪林間の路をうづめて平らかなり。
ふめば膝を没して更にふかく
その雪うすら日をあびて燐光を発す。
燐光あをくひかりて不知火《しらぬひ》に似たり。
路を横ぎりて兎の足あと点々とつづき
松林の奥ほのかにけぶる。
十歩にして息をやすめ
二十歩にして雪中に坐《ざ》す。
風なきに雪蕭々《せうせう》と鳴つて梢《こずゑ》を渡り
万境人をして詩を吐かしむ。
早池峯《はやちね》はすでに雲際に結晶すれども

わが詩の稜角いまだ成らざるを奈何《いか》にせん。
わづかに杉の枯葉をひろひて
今夕の炉辺に一椀の雑炊を煖《あたた》めんとす。
敗れたるもの郤《かへ》つて心平らかにして
燐光の如きもの霊魂にきらめきて美しきなり。
美しくてつひにとらへ難きなり。

戦いはこの年、悲惨な結末で終わっている。多くの日本人が虚脱し、あるいは右往左往している時に光太郎は、太田村山口の雪の中にいてこの詩を作った。「敗れたるもの郤つて心平らかにして」の一句に心惹かれる。勝った者は、また勝たねばならず、いつまでたっても心休まる時がない。敗れた者はこれ以上敗れることはないから心平らかである。勝敗を問わぬところに身を置く者はさらに心平らかであろう。

太田村山口の雪の中にすわってみれば、この詩の世界はすぐにわかる。そこでなくてはならぬという土地が必ずあるもので、雪が積もっていさえすればいいというものでは決してない。太田村山口の、あの雪の中でなくてはならぬのである。

それにしても、と私は思う。それにしても光太郎はどうしてこんなところに来なくてはならなかったのか。よくよく見れば、そこはかなりひどい土地である。村人も住まぬ土地である。二尺も掘れば水が湧くような湿地で、まわりには蝮《まむし》がうようよいるという荒れ果てた土地である。ここで彼は刻んだ野菜だけを食べたり、うどんに醤油をかけて一日一回食べたりという生活を、実に七年間もつづけ、結核になり、血を吐いた。夜でも裏山に登り、「智恵子《ちえこ》！　智恵子！」と血を吐くような声で連呼したりした。恐ろしいさびしさがこの老詩人を捕えて放さなかったのであろう。

静かでいい、というような土地では決してないのだ。運命的なものがこの老詩人を、この土地に縛りつけたのだとしか思えないのである。

或《あ》る墓碑銘

一生を棒に振りし男此処《ここ》に眠る。
彼は無価値に生きたり。
彼は唯人生に遍満する不可見の理法に貫かれて動きたり。
彼は常に自己の形骸《けいがい》を放下《ほうげ》せり。
彼は詩を作りたれど詩歌の城を認めず
彼の造形美術は木材と岩石との構造にまで還元せり。
彼は人間の卑小性を怒り

その根元を価値観に帰せり。
かかるが故に彼は無価値に生きたり。
一生を棒に振りし男此処に眠る。

「不可見の理法」とは、画家林《はやし》武《たけし》が、宇宙の一点にこの世界をして調和あらしめる力があると言った、あの眼に見えない理法のことである。そういう眼に見えない理法に動かされた光太郎は、詩を作ったが、詩歌《しいか》の城は認めなかった。詩人と称する者たちが詩人の団体を作り、詩はかくあるべしなどと規定するのを許さなかったのである。彼の彫刻は、木材と岩石との構造にまで還元した。林武は、昔は人間を描く時美しく描くことですんだ、しかし、今はそれではすまない、人間を物に還元して、その物に還元した人間を描こうとする、特に下半身を描こうとしたら、それはもう物に還元するより仕方がない、その物に還元したものを、どう表現するかが、近代の芸術家・画家の苦しんでいるところである、と言っている。

彫刻は、形よく、恰好よく、つりあいよく作っただけでは彫刻にならぬという。木彫なら、木材の構造にまで還元しなければならぬ。

私たちは人間をその素材である物にまで還元はせぬ。私たちが見ているのは、表面の皮膚だけである。皮膚を触れあって生きてゆくだけである。その皮膚の下にかくされているものを、一つ一つ物に還元してゆくと大変なことになる。ゆえにそれをやらない。皮膚の下にそれをかくしつつ、体裁よくつき合おうとするから人間は卑小になる。光太郎はその卑小性を怒るのである。

なぜ人間が卑小になるのか。それは価値観のみで生きるからである。価値観などというものは人間が勝手にきめるものである。彫刻でも絵でも画商が値段をつりあげる。ビュッフェの絵などは実に高価である。ビュッフェの絵はたしかに、ある意味において素晴らしいと思う。

しかし、画商が値段をつりあげるほどその絵がいいかどうかは疑問である。私自身の好みからいえば、ビュッフェの絵を只《ただ》で呉《く》れても書斎にかける気はない。好きではないからである。そういう意味では、私にとっては無価値である。

このように価値は人間が作るものである。金のために人間が作ったのである。だから、そんなものにとらわれず、無価値に生きようとする者が出て来ても当然ではあるまいか。しかし、そういう人間は、何事も金や価値に換算せずにいられない人間からいうと脅威である。ゆえにその人間をよってたかって無能あつかいにし、一生を棒に振ったといわれる。そういう男は、気違いあつかいにして、無力の者にせずにはおかぬのである。そういう男は、一生を棒に振ったといわれる。そういう男の一人、高村光太郎がここに眠ると、光太郎は自ら墓碑銘を記した。

こういう人だから、太田村山口のあの孤独と寂寥《せきりょう》の中に七年ものあいだ、なすこともなく居られたのであろう。どうしようもない力が光太郎をして、あの小屋に居さしめたのであろう。

人生には、どうしようもない時期がある。どうしようもない人生がある。どうしようもない時は、ほんとうにどうしようもないではないか。どうしようもない日は、どうしようもないみちを行き暮らすよりほか、どうしようもないではないか。

第四章

私心なく生きる

ずばり言わしてもらうなら、生きることが下手な人間ほど、神さまや、仏さまに近いと私は思う。ゆえに、生きることの下手な人は、宗教的な世界を身につけることが一番である。今まで登場して来た人たちも、それぞれに宗教的な世界を持っていたが、なんといっても個性が強烈である。その個性の強烈さだけでも生きてゆけるだけのものがある。しかし、われわれ凡下《ぼんげ》はそうはゆかない。そこで、生きることが下手な自分の生きざまに徹するほうへ行くのである。

生きることがなんと下手だなあ、と思っている人よ、あなたはなんといっても、生きることのうまい連中にくらべると、私利・私欲・私心に走るということが少ないはずである。これが多かったら、下手であるはずがないのだ。お坊さんの中にも、生きることの実にうまい人がいる。こんな人は私利・私欲・私心の権化《ごんげ》のような人間であって、大体坊さんなんかになることはなかったのである。

さて、私心の少ない人間は、食いものでいうと「塩気抜き」の食いもののごとくである。行者《ぎょうじゃ》とか、験者《げんじゃ》とかいわれる一種の超能力者の修行の特徴は、塩分を摂《と》らないことだそうで、塩気を摂りすぎると、見えなくなってしまうそうである。

さて、私心の少ないものは、それだけ、天地自然がわれわれに見せてくれるものを、謙虚に、喜んで見る。私心なき者は、太陽の輝き、花の色、なんでもないご馳走に、容易に歓喜するのである。はるかなるものの呼び声に耳を傾けやすいのである。

この章には、そういう人間の生きかたをとりあげてみた。坂村真民《さかむらしんみん》さんは私心なき人である。決して豊かでない生活の中から、一遍上人《いっぺんしょうにん》の「賦算《ふさん》」にならって、自分の詩をまとめたタブロイド版の「詩国」を無料で配布している。「詩国」には、大いなるものに生かされている人間の喜びと悲しみが、率直《そっちょく》に歌われていて、人々を感動させるのである。

止揚《しよう》学園の福井達雨《ふくいたつう》さんも私心なき人である。自分自身も智恵遅れの子供が大人になったような顔をして、とつとつと語る。しかし、こと智恵遅れの子供のこととなると、鬼のごとき顔になって語る。この人の中にはイエスさまが生きている。真民さんの中には西行《さいぎょう》さんが生きている。

現代の妙好人竹下昭寿《たけしたあきひさ》は、死の宣告を受けるまではごく平凡な国鉄職員にすぎなかった。その人が、すっと変身する。いや、変身したのではない、木地を現したのである。凡下の人が、こんなすっきりした生きざま、死にざまを見せてくれたことに私は驚歎する。そして、おれにもできないはずはないなと思う。私利・私欲・私心を制してゆけば、誰でもここまでゆけるということを確信するのである。

このごろ私のまわりには、生きかたはたしかに下手ながら、私心なき人がごろごろ集まってきて、それぞれに光の環《わ》のようなものをまわりに持っているので、ありがたいなと思う。一つ一つの環は小さくとも、合すれば大きな光の環となる。

原爆の光の環の下で、父母姉妹、愛する人々のことごとくを失った私が、小さな光の環を持ったたくさんの人たちに囲まれて、光の環を一日一日と大きくしてゆけるのは、なんともしあわせなことである。その光の環につつまれた人は、知らず知らず自分のまわりに光の環を持ち、自然の光の環と交響して、今まで見えなかったものが見え、聞こえなかったものが聞こえるようになってくるからである。

はるかなるものの呼び声
――坂村真民《さかむらしんみん》の詩から

みめいこんとんの時

　私のこの本の中には、坂村真民さんの詩があちこち引用されているので、この人の名を覚えてくださったであろう。この人は長らく朝鮮にいて、学校の先生をしていた。常に朝鮮の子供たちを庇《かば》う立場に立って、軍や警察に、にらまれるようなことばかりしてきた人である。虐《しいた》げられた者、言葉もて抗《あらが》うことのできぬもの、小さきものの訴えにいつも耳を貸し、権力に楯《たて》ついてきた詩人である。その詩は八木重吉の詩風を継ぎ、仏教の信心に裏打ちされている。

　戦後は松山郊外の砥部《とべ》町に住み、高校の先生のかたわら、詩を歌いつづけて来たのであるが、今年になってから、その先生もやめられた。生きてゆけるかどうかわからぬが、純粋に生きるために、職を辞したのである。

　無能にして高給を食《は》み、天下りのたびに莫大な退職金をせしめて恥じぬ豚のごとき高級官吏とはおのずからその生まれも、育ちも異なる精神の貴族である。

　この詩人は朝三時に起きる。坐禅し、読経し、戸外に出て天を仰ぎ、大詩霊に向かってひたすら祈るのである。

わたしがいちにちのうちで
いちばんすきなのは
あのみめいこんとんの
ひとときである

わたしはそのこんとんのなかに
みをなげこみ
てんちとひとつになって
あくまのこえをきき
かみのこえをきき
あしゅらのこえをきき
しょぶつしょぼさつのこえをきき
じっとすわっている
てんがさけび
ちがうなるのも

このときである
めいかいとゆうかいとの
くべつもなく
おとことおんなのちがいもなく
にんげんとどうぶつとの
さべつもない

すべてはこんとんのなかに
とけあい
かなしみもなく
くるしみもなく
いのちにみち
いのちにあふれている

あゝわたしが
いちにちのうちで
いちばんいきがいをかんずるのは

このみめい　こんとんの
ひとときである

夜中の三時に、真民さんは、悪魔の声を聞き、神の声を聞き、天が叫び、地が唸《うな》るのを聞く。その中で真民さんは、坐禅《ざぜん》し、読経《どきょう》し、祈り、時として石笛を喨々《りょうりょう》と吹き鳴らすのである。真民さんは、これを「招喚《しょうかん》」と呼んでいる。真民さんは、「自分で起きるのではないから、招喚です。大いなるものに呼び起こされるんです。自分でするという意識があったらなにもできやしないです」という。

親鸞上人は、「念仏」を「本願召喚の勅命」と呼んだ。真民さんは仏に呼ばれ、神々に呼ばれて、無明《むみょう》の闇の中から身を起こすのである。真民さんは、眠いという人間を叱咤《しった》して、「眠たがるような者は詩人ではありません」と突き放す。二時であろうが三時であろうが、呼ばれればパッと眼を覚ますのである。

「未明渾沌《こんとん》」とは、夜と昼との区別が定かでなく、一つになっている時のことである。「明界と幽界との区別もなく」と書いてある。これは「幽明その境を異にす」というように、明界は生きている人間の世界、幽界とは死んだ者の世界のことである。この二つの世界に区別がないのは、未明渾沌の時であるという。

この時に、常に真民さんは祈る。誰に向かって祈るかというと、「大詩霊さま」「大詩母さま」と真民さんが呼ぶ、詩の霊に対してである。その大詩霊と自分の魂とが感応道交《どうこう》する。感応道交するとは、永遠なるものと私たちとが一つになることである。

大詩霊などというものがあるかと思い、そんなものが目に見えるものかと思っている者は絶対に一つになれない。

第一、朝三時に起きるような風変わりな真似をするわけがない。ゆえに、どこまで行っても、大きないのちを、自分の命として生きるということはできなくなる。そうすると、仏さまのこともわからないし、あらゆることがわからないのである。

しかし、目に見えないものが見えるということは大変なことなのであって、ふつう、なかなかないことである。

しかし、見えないからといっても、そういう世界がないとはいえない。確率からいうと、あるというほうも、ないというほうも、半々である。それなら、あるというほうに賭けたほうがずっと面白い。

声なき声を聞け

ある家の話であるが、そこのご主人は信心のある人で、あるところからお札《ふだ》をたくさんいただいて来て、部屋という部屋にみんな貼ってあるいた。ところが息子だけは自分の部屋に貼らせない。友だちが遊びに来て「ヘエ、あれ、なんだい？　お札だよ。お札って何だい？　知らねえよ」というんじゃ、しまらないから、いやだ、と言う。それももっともだというので、その部屋だけ貼らなかった。

大体、お札を部屋全体に貼るというのが妙である。多分その家にはもともと何かがあったのであろう。それゆえお札を貼ったのであろう。その、何だか知らないが、目に見えないものは、どの部屋にもお札が貼ってあるので居辛くなって、たった一つお札の貼ってない息子の部屋へ入りこんで来た。

息子はそれまで何も感じなかったのに、自分の部屋へ入ると、たしかに誰かいる気配がする。なんとなく居ると感ずるのである。そのうちにしだいに強く感じて来た。どうも女の霊がいるような気がする。息子は、頭ではそんなものいるわけないと否定するのであるが、体のほうは承知しない。いるぞいるぞと感ずるのである。

たまりかねて父親に「お父さん、あのお札貼ってくれよ」と言い出した。「おまえ、この間はいやだといったのに、どうしてだ」と問いつめられて、白状した。びっくりした父親が息子の部屋へ入ると、なんとなくいるような感じがする。びっくりしてお札を貼ったところ、いなくなった、というのである。笑い話のようだが、事実あった話である。

こういう目に見えないものが、ごく簡単に見えてしまう人がいる。私の知人のある奥さんは、買物から帰って茶の間に入ると隣家のおじいさんがすわっている。「どうしたの、おじいさん」といったら、すっと消えた。この人は馴《な》れているのでちっとも驚かない。あらあらといって隣家へ行ってみると、さっき息を引き取ったということであった。

私どもは、目に見えないものが目に見えないからしあわせなので、見えすぎると困ったことになるであろう。しかし、こういうものが見えたからといって別にどうということはない。その奥さんだってごくふつうの人で、特別偉いわけでも、特別修行を積んだわけでもなんでもない。生まれつき見えるだけのことである。

大切なのは、人の心、声なき声、花や鳥や大自然の訴えかけを感じとるという働きである。真民さんの詩に「あ」というのがある。

あ

一途《いちず》に咲いた花たちが
大地に落ちたとき
〝あ〟とこえをたてる
あれをききとめるのだ

つゆぐさのつゆが
朝日をうけたとき

〝あ〟とこえをあげる
あれをうけとめるのだ

これは目に見えないものを見つめるという世界に重なる、耳に聞こえないものを聞く世界である。花がわれわれに語りかけるという世界がある。

多摩川のすぐそばの家に移ったところ、庭に鹿児島椿が植えてあった。食事する部屋のまっ正面にあるので、いやでも毎日眺めることになる。三月に入っておびただしい花をつけはじめた。ピンクの品のいい美しい花である。花というものは、みんな同じ顔をしているものと以前には思っていたが、それが大間違いだと気がついたのは、咲き出してまもなくのころであった。

地上五十センチぐらいのところについた蕾《つぼみ》の一輪がどうも気になるのである。その蕾だけはまっすぐ私の顔を見ているような気がして、毎朝庭におりて眺めに行った。ひらきはじめてからは殊にその感が深かった。花の色も、姿も抜群であった。明らかにどこか違っているのである。ついに私はその花に「お早う」と声をかけるようになった。ひらき切ってもその花は依然として私の顔を見つめている。家内もその花の異様なまでの美しさに気がついた。

こうして五日の間、この子（ついにこの花をこの子と呼ぶに至ったのである）は、渾身《こんしん》の力をふりしぼって咲きに咲いた。その間じゅう、私たちに何かを語りつづけていたように、私には思える。

六日目の朝、この子は土の上に身を横たえていた。死んだのである。夜の闇の中で、私の眠っている間に、落ち、息絶えたのである。落ちる瞬間に、この子は絶叫したのであろう。「さようならーっ」と声を限りに呼んだのであろう。

その朝、私共は二人とも黙っていた。深い悲しみが朝のしじまを領して、しいんとしていた。一休《いっきゅう》禅師が、可愛がっていた雀の子が死んだ時、一人前の僧の葬式を出してやったという心境がよくわかった。

この朝、私はしみじみ、真民さんの「あ」の世界を感得したのである。花の心のわからないような者にどうして人間の心がわかろう。われわれに語りかけているのは花だけではない。山川草木ことごとく語りかけている。空も海もみな語りかけているのである。というよりも、それらのものを通して永遠なるものがわれわれに呼びかけているのである。

永遠なるものはみな青い

釈尊《しゃくそん》は亡くなられる時に、「ヴァヤダンマー・サンカーラ、アッパマーデーナ・サンパーデートゥハ」と言い遺してこの世を去られた。これを「諸行は壊法《えほう》なり、懈怠《けだい》なく精進せよ」と訳するが、これではなんのことやらわからない。

これは「こころは、うつろいやすきものなり。見落とすことなく、その中に居よ」と私は訳したい。「サンカーラ」とは「こころ」のこと、「永遠なるものの意志」のことである。これを人間は「心」すなわち、「人間の小さな了見」で捉えようとする。捉えたと思ったらもうそれは本来のものでなくなっている。すぐに変容してしまうのである。だから、そうならないようによく気をつけて、その大きな心の動きのままに行動するように、と釈尊は教えられたのである。

坐禅《ざぜん》でも、お念仏でも、お題目でも、そこのところを外すと、とんでもないことになる。坐禅でも、お念仏でも、自分の心でやるのではなく、実は大いなるもののこころに促されておこなうのである。念仏せしめられ、坐禅せしめられるのである。それを、自分の意志の力でできると考えると、それは己《おのれ》の小さな「心」に囚《とら》われることになる。これではいくらやってもだめである。

大体、人間にかかわるものは、すべて、有限で、ケチなものと相場がきまっている。大らかなのは、そこに、永遠なるものがかかわってきている時にいえるのである。

だから、大らかな人間は必ずどこかで永遠なるものにかかわっている。永遠なるものの呼び声に耳を傾けている。宗教というのもこれではないか。キリスト教では神さまに生かされている、といい、仏教では仏さまに生かされている、という。

これをいささか程度を下げると、あの人に生かされている、ということになる。仏さまのほうで「この人間は直接仏に接することのできない人間だな、しかし、人間にならば接しられるな」と思うから、「あの人」をさし向けてくれるわけである。そんなことも知らず、「あの人さえいてくれれば、神も仏もいらぬ」と口はばったいことをいうから、せっかくさし向けられた「あの人」が別な人のほうへさし向けられてしまう。

「あの人」のうしろに、「こころ」という永遠なるものの力が動いていることを察知して、その呼びかけに耳を傾けることが大切なのである。

私の好きな詩人三好達治《みよしたつじ》はこう歌っている。

かへる日もなき

かへる日もなきいにしへを
こはつゆ艸《くさ》の花のいろ
はるかなるものみな青し
海の青はた空の青

この世に人間として生まれて来るわれわれは、それぞれ「かへる日もなきいにしへ」を背負って生まれてくる。もはや決してそこへ帰ってゆけない過去を背負っているわれわれは、不自由であり、拘束されており、死すべきものであり、かなしみ多きものである。そのわれわれの眼に、つゆ艸の花の青さは、いかに鮮烈なものであるか。小さなつゆ艸の花が、われわれに何を語りかけているか、もっと耳を傾けなくてはならない。はるかなるもの、永遠なるものは、みな青いのだ。海の色も、空の色も、そして、つゆ艸の青さも、すべて永遠なるものの呼びかけなのだ、と詩人はいう。

水のほとりに来てみれば
み空のいろの艸の花
微塵《みじん》の花を見つつおもふ
ひとのこころのほろにがき

この「ひとのこころ」は、今いっている流儀でゆくと、「ひとの心」と書くべきところである。み空のいろの艸の花はわれわれに何を教えてくれているか。「人間の小さな心にこだわりなさるな、それが悲しみの源になるのだから。しかし、花の色と空の色が、同じ青の色であるように、人の心も、仏のこころと同じこと、仏のこころのままに生きてお行きなされ」と教えてくれるのであろう。微塵の花の中に永遠が宿っているのに、人の心はどうして仏のこころと一つになれぬのか、と、ほろにがい思いを噛《か》みしめるというのである。

虚空の如《ごと》くなる心

栂尾《とがのお》の明恵上人《みょうえ》がまだ若いころ、高尾の神護寺《じんご》にいた。まだ十三歳ぐらいの少年のころのことである。十三歳といっても並みの十三歳ではない。

「十三歳の時、心に思はく、今は早《はや》十三に成りぬ。既《すで》に年老いたり、死なんこと近づきぬらん、老少不定の習ひに、今まで生きたるこそ不思議なれ、古人も学道は火を鑽《き》るが如くなれとこそいふに、悠々として過ぐべきに非ずと、自ら鞭《むち》打つて、昼夜不退に道行を励ます」

という、すさまじい十三歳である。あまり煩悩がおこるので、野犬山犬に食われて死のうと思い、死骸捨場に行って寝ていたら犬共が集まり、そばの死骸を食う。明恵のそばに来て嗅《か》ぎまわったが食いもせずに帰った。恐ろしさ限りなかったが、この時、「さては何《いか》に身を捨てんと思ふとも、定業《じょうごう》ならずば死すまじきことにてありけり」と思い知ったという。げにもすさまじき十三歳である。

この少年のもとに西行《さいぎょう》法師が訪ねて来る。この時西行法師六十八歳、再度奥州平泉《ひらいずみ》へ旅する前の年あたりのことである。死を覚悟しての旅であったろうから、旅立つ前、この天才児に知っている限りのことを教えてゆきたかったのかもしれぬ。『明恵上人伝記』にこう記してある。

西行法師常に来りて物語りして云はく、我が歌を読むは、遙《はるか》に尋常に異なり、華《はな》・郭公《ほととぎす》・月・雪都《すべ》て万物の興に向ひても、凡そ所有相《あらゆるさう》皆是れ虚妄《こまう》なること眼に遮《さえぎ》り耳に満てり、又《また》読み出《いだ》す所の言句《ごんく》は皆是れ真言にあらずや、華を読むとも実に華と思ふことなく、月を詠ずれども実に月とも思はず、只此《ただかく》の如くして、縁に随ひ読み置く処なり。紅虹《こうかう》たなびけば虚空いろどれるに似たり。白日かゞやけば虚空明かなるに似たり。然れども、虚空は本《もと》明かなるものにもあらず、又色どれるにもあらず。我又此の虚空の如くなる心の上において、種々の風情をいろどると雖《いへど》も更に蹤跡《しょうせき》なし。此の歌即ち是れ如来の真の形体なり。されば一首読み出でては一体の仏像を造る思ひをなし、一句を思ひ続けては秘密の真言《しんごん》を唱ふるに同じ、我れ此の歌によりて法を得ることあり。若しこゝに至らずして、妄《みだ》りに此の道を学ばゞ、邪路に入るべしと云々。さて読みける。

山深くさこそ心のかよふともすまで哀《あはれ》はしらんものかは

喜海、その座の末に在りて聞き及びしまゝ之《これ》を註す。

西行は実に大変なことを告白しているわけである。西行は桜の花が好き、月が好きで、桜の花や月の歌を無数に作っている。

ところがその桜も月も、「華を読むとも実に華と思ふことなく、月を詠ずれども実に月とも思はず」という心境にあったという。

西行法師はおそらく、仏のこころと自分の心とが一つというところで、歌を詠《よ》んでいるのである。だから詠み出した歌はすべて真言であるといっている。

「真言」というのは、永遠なるものの世界とわれわれ人間の世界とをつなぐたった一つのことばである。西行は月華の中に永遠なるものからの呼びかけを見、歌によって応えたのである。ただ美しいと見たのではない。美しいと見るのは人間の心であって、仏のこころからいえば美しいも美しくないもないのである。この虚空のような心の上において、西行はさまざまの風情を歌に詠んだ。しかし、その迹《あと》を尋ねても捉《とら》えられはすまい、というのである。

だからといって、西行が月や華を美しいと思わなかったわけではあるまい。やはり美しいと思い、月にも華にも溺《おぼ》れ、しかも、まったくそれに捉われない、という不思議な二重構造、二つの世界がぴったり重なったところにいたのである。「山深くさこそ心のかよふとも」山の奥の奥まで心が通ったとしても、つまり心の中だけでどんなに山の奥のことを想像したとしても、「すまで」つまり、住んでみなかったら、山の風情が本当にわかりはしない。この「すむ」はまた「澄む」でもある。山というのは「仏の世界」「永遠なるものの世界」のことで、どんなに仏の世界を心で推し量ったとしても、心が澄まなかったら、つまり、人間くさい分別を捨て切れなかったら、とても知られるものではない、というのである。

わからないのは仏の世界だけではない。人間の心の世界でも同じこと、十年一緒に暮らしても本当には何もわかってはいないのである。親子・兄弟・夫婦みな同じ。よくわかっているつもりだから、よけいわからないのである。夫のことも、妻のことも、子のことも、親のことも、自分には少しもわかっていないのだなと念を押すことが大切である。

また、「澄む」ことが大切である。妻だから、子供だから、という甘ったれた根性を捨ててしまうことである。「わが子に限って」とか、「夫に限って」とかいう、思い上がった、独りよがりな、人間くさい捉われを、どこかで放り出して、謙虚に、生かされているという思いを深くすることである。

その手始めに、自分の身のまわりにひっそりと咲いている椿の花、海棠《かいどう》の花、泰山木《たいざんぼく》の花、ひっそり吹く風の音、さらさらと流れる川の音などに、目を向け、耳をそばだてることである。そこにはたしかに、西行のいう「真言」がある。はるかなるものの呼び声がある。それに眼を覚まし、耳がひらけることから、新しい人生が始まるのである。

目に見えないものを見つめて
――あるキリスト者と妙好人《みょうこうにん》

アホかて生きているんや

関西に止揚《しよう》学園という、智恵《ちえ》遅れの子供たちを収容する施設がある。その園長の福井達雨《ふくいたつう》さんが『りんごってウサギや』と『アホかて生きているんや』という本を書き、その出版記念講演会が彦根《ひこね》市民会館で開かれた。その時、私は彦根市長夫人で、福井さんの外護《げご》者である井伊文子《いいふみこ》さんの依頼で記念講演に行き、はじめて福井さんと顔を合わせたのである。

福井さんは、色の黒い、がっしりした体格の、闘志にあふれた男である。彼は初対面の私にこう言った。

「紀野先生、私はあなたのお名前を聞くとたいへんなつかしいんですよ」

人間、「うぬぼれと瘡気《かさけ》のない者はない」と昔いったくらいである。そう言われて悪い気がするわけはない。「へえ、私の名はそんなになつかしいか！」と思って、それでも、

「どうしてですか?」と訊き返すと、

「私の園に、きのよしかず、という智恵遅れの子がおります」

なんたることか、彼の書いた『アホかて生きているんや』の中に、この、きのよしかず君は登場するのである。

ある年、止揚学園から小学校に何人か入学した。入学式の時、先生が名前を呼ぶ。最後に智恵遅れの子の学級になる。トップバッターがきのよしかず君である。先生が「きのよしかず君」と呼ぶ。返事をしないのである。そこで満堂、しいんとなる。息を殺してみんな様子をうかがっている。すると、だいぶたってから、きのよしかず君が「へーい」と返事をした。それで拍手大喝采《だいかっさい》になったという。

このきの君は、どういうわけか駆けっこの競争になると、うしろへ走る。ヨーイ・ドンでみんな前に走るのに、どうしても一人だけ反対方向に走るのである。たまりかねた先生が、きの君だけはスタートラインでうしろ向けに並べる。そしてヨーイ・ドンとやると、今度はみんなと一緒に走ったそうである。なかなか叛骨《はんこつ》があると見える。このきのよしかず君のことを思い出して、なつかしいと言ってくれたのである。

この福井さんが、きよ子というサムライを連れに行った話が面白い。いくらすすめても、きよ子は「いやや」の一点張り。仕方なく福井さんは、「おっさんとドライブせえへんか」と持ちかける。「おっさん、運転手か」「そうや」「そんなら、いく」。

きよ子はにたにた笑って、服を着替えるから外に出ろ、という。仕方なく外で待っていたが、なかなか出て来ない。もうよかろうと、中へ入ったら、下着を着けているところだった。たちまち、「エッチ」と怒鳴られる。こうして福井さんは、「エッチの運転手」という仇名《あだな》をつけられる。

学園へ連れていって一週間ぐらいたったら、きよ子が園長室へ入ってきた。そして言う。

「おっさんは園長か？」

「そうや」

「園長は学園で一番えらいのか」

「そうや、園長はこの学園で一番えらいのや」

「そうか、そんなに偉いのか。それならよう尊敬して、いうことをきかんといかんな」

「そうや、園長のいうことはなんでもきかんと罰があたるぞ」

とたんに、きよ子は直立不動になって、

「園長、これからなんでもいうことをよくききまする」

と言った。それからが大変で、きよ子は毎日、福井さんの顔を見るたびに直立不動になる。

「きよ子、ちゃんとやっておるか」

「やっておりまする」

毎日やっているうちに、福井さんはやりきれなくなった。そして、きよ子を呼んで、こう言った。

「きよ子、この園にはなあ、おれより偉い人がおるんや」

「ふうん、そら誰や」

「神さまや」

「ふうん、神さまは園長より偉いのか」

「そうや」

「ふうん」

きよ子は急に軽蔑したような眼付きで福井さんを見た。それっきり、直立不動の姿勢はとらなくなったそうである。

福井さんは大体、園長などという名前さえ好きでないのである。ある時、学園で犬を飼った。保健所では名前をつけろという。なんとつけたらよいかともめているうちに、先生の一人が言った。

「この園で一番うるさいのは、犬と園長や。この犬、園長という名つけよう」

そこで代表が保健所に行く。

「名前は」

「園長」

「エンチョウ?」

「学園の園に、長や」

「園長か、えらい名をつけよったなあ」

さて、子供たちにとっては、園長といえば犬のことである。お客さんが来て、「園長さん、いらっしゃいますか」という。「いる」「じゃ連れてきて」「うん」。

子供はもちろん犬を連れてくる。犬はワンワン吠える。客は恐《こわ》がる。大騒動になる。「どうしたんですか」と飛んできた先生たちが、話を聞いているうちにおかしくなって、げらげら笑い出す。客のほうは「ここは子供だけアホかと思うたら先生までアホか」と呆《あき》れる。やっと説明して納まるのである。

ここではまたウンコの騒ぎがある。智恵遅れの子にちゃんと排便させるのが大変な苦労なのである。近子ちゃんという頑強な子がいて、絶対に便所で出さない。朝四時半ごろ、布団の中でいい気持ちでホカホカやる。

そこで先生たちが交代で早起きし、近子ちゃんを四時に起こして便所へ連れてゆく。そして近子ちゃんのお尻をじっと見ている。大変な観法《かんぽう》があったものである。十カ月間毎朝近子ちゃんのお尻を凝視したのである。この辛抱は超人的である。そしてある朝、ついにトイレでウンコが出たのである。その時ちょうど当番に当たっていた田代先生が「大変や、大変や」と叫びながら、涙を流して飛んでくるのである。

「わたし、近子ちゃんのお尻をただ祈る思いでにらみつけていたんや。ちょうど三十分ほどした時、近子ちゃんのお尻から香ばしいウンコがポツンと出てきた時、ただ感激でいっぱいやった。これほどウンコが美しいものだとは今まで思ったことがなかったし、ウンコのにおいが香ばしいものだと思ったことがなかったわ。宝物を神様から授かった気持ちやった。自分の仕事が素晴らしいとつくづく思ったわ」

その晩、先生たちはビールとジュースで乾盃した。

「近子ちゃんのウンコのためにカンパイ」

可能性を信じている人間たちの美しさは大変なものである。ウンコが香ばしく美しいなどと、この世の誰が思うであろうか。この先生たちは近子ちゃんのウンコをほんとうに美しいと思っている。人間、精神を集中すれば、汚ないもきれいもない。すべて、美しいのである。

こういう先生たちにも人間的な悩みがある。無気力になってしまうこともある。三年やっていた先生が自信をなくしてやめたくなり、福井さんのところに相談に来る。すると福井さんはこう言った。

「あんた、わたしゃ十年間やってるのに自信がない。なんでこんなことやってるのか。いつやめようか、いつやめようかと思っている。それなのにあんたは、三年間自信を持っていて、三年目に自信をなくしかけてきたっていうのは大変なことだ。この仕事は、自分のひとりよがりの自信を子供に破られた時から始まるんや」

自信があって上手にいっているあいだは始まらないというのである。今までやっていたことがみな裏目になった時から本当の仕事が始まるという。

この三田先生は、自信喪失して廊下にぼんやり立っていたら、参観人が通りかかって、「大人しいのねえ」と頭を撫《な》でられた。三田先生はそれを、「だから私はもうだめなんです」と言う、しかるに福井さんは、それを褒《ほ》めるのである。

「あんたはすばらしい。とにかくあんたは智恵遅れの子供に間違えられたんや。ということは、あんたがアホになってきたということやないか。これはすばらしいことや」

福井さんの主義は、「子供のために」ではない。「子供と一緒に」である。子供と一緒に、というのが本当なら、アホに間違えられるのが一番いいというのである。

三田先生は褒められたのか、けなされたのかさっぱりわからないという顔をした。しかし、次の日からすっかり元気になって、またやり出したそうである。

目に見えないものを見つめて

福井さんのお母さんは、実にいいことを教えて亡くなった。この福井さんは、内向的で意気地なしで、幼稚園の時、女の子と相撲をとって投げつけられて、腕の骨を折ったという、極《きわ》めつきの弱虫であった。

高校の時お母さんを亡くした。お母さんはいまわの際《きわ》に福井さんを呼んで、

「おまえは弱虫やから偉い人にはなれないやろう。しかしなあ、偉い人にならんでよいから立派な人になってほしいなあ。それから聖書のことばやけど、目に見えるものより、見

えないものをしっかり見つめて生きてほしいなあ」

と言って亡くなった。このことばが福井さんの一生を支える力となった。

目に見えるものよりも、目に見えないものをしっかり見つめて生きる。その生き方に徹すると、不思議にも思わぬところから救いが来たりするのである。

福井さんがやっているような仕事はなかなか楽でない。福井さんも何度か、もうだめだと思ったそうである。

福井さん自身が食うものがなくなってしまう。その時は、面条《めんじょう》さんといううどん屋に行くと、面条さんが黙ってうどんを食わせてくれて、帰りにはちゃんとうどん玉を包んでくれたそうである。のちに面条さんのお母さんが亡くなった時、面条さんはうどん屋をつづける気がない。そこで福井さんのところへ訪ねて来て、「就職口見つけてくれんか」と頼んだ。

「就職口ならあるじゃないか」

「どこに」

「ここだよ」

「ここって、止揚学園のことか」

「そうだよ」

「ここはアホの学校やないか」

面条さんはびっくり仰天、「しばらく考えさせてくれ」と言って帰ったが、あくる日、「やらせてくれ」と言ったそうである。そしてまもなく福井さんの右腕になった。

この人は色あくまで白く、端整な顔立ちで、静かで、何から何まで福井さんとは反対である。一度も怒ったことがないから「仏の面条」という。福井さんは、「鬼の福井」という。

ある日、面条さんがこう言った。

「もうアカン、金が一文もなくなった。借りるあてもないし、もうどうにもならん」

「そうかアカンか」

「アカン」

そこで福井さんは全職員を呼んで、明日から閉鎖する、と申し渡した。先生たちがびっくりして、「私たちの月給は要らないから」と申し出たが、それでもどうにもならないのだ、といって、ついに閉鎖になる。

その次の日、突然伝染病が発生した。どんどん伝染して、子供は全部発疹と熱で苦しみはじめた。伝染病だから全員隔離病棟に入れられた。ところがこの子たちは世話する人がいないとどうにもならない。そこで先生も一緒に隔離されてしまう。学園は鬼の福井と仏の面条の二人を残して完全に空っぽになった。それから長い間、二人だけで、費用は全くかからない。子供のほうの費用は全部国家が持ってくれた。おかげで園の建て直しをすることができたのである。

神さまは福井さんを助けるために伝染病を与えてくださったのである。人間としてできるだけの努力はする。それは目に見えるものを見つめて生きることである。そこから先はもう、目に見えないものを見つめてゆくほかはない。福井さんはそれを常にやっており、神さまに護《まも》られてゆくのである。

何もかも我一人のためなりき

これは仏教でいうと、仏を見守り、仏に見守られてゆく妙好人の世界である。妙好人というのはお念仏の信心決定《けつじょう》した、在家の篤信の人のことである。妙好人とは「泥中《でいちゅう》白蓮華《びゃくれんげ》、人中《にんちゅう》妙好華《みょうこうげ》」から来たことばである。従来、妙好人というと、江戸時代の人だけをさしてつかわれていたが、私と梅原猛氏とで監修した筑摩書房の「現代を生きる心」シリーズの第九巻に『日々を新たに——妙好人集』を出し、その中に、現代の妙好人七人を選んでのせた。その中の一人に私は竹下昭寿《あきひさ》という人を選んだ。国鉄の職員で、三十歳でガンで死んだ人である。この人の主治医は高原《たかはら》という方で、念仏の信心の徹《てっ》した人であった。

その高原医師が竹下さんに最後通告した。本当はガンなのだと教えたのである。開腹したら胃がすべてガン細胞におおわれており、手の施しようがなかったので、幽門のところを通れるだけあけて、お腹をしめた。結局もう時間の問題だったのである。

高原医師がそれを教えた時に、この人は、すっと、いいところへ行った。ガンだと知ってから苦しみはじめるのでなく、それまで苦しんでいたのが、ガンで時間の問題といわれた時に、すっと安心したのである。

この宣告の時、高原医師は色紙にこういう歌を書いて与えた。

何もかも我一人《われいちにん》のためなりき　今日一日のいのちたふとし

これは『歎異抄《たんにしょう》』の中に「弥陀の五劫思惟《ごこうしゆい》の願をよくよく案ずれば、ひとへに親鸞一《いち》人《にん》がためなりけり」とあるのによっている。仏さまが大ぜいの人々を救う願いを立てられたのは、ただ私一人のためであった、と親鸞は言う。

竹下さんはこのことばに大きな支えを感じた。また、竹下さんの令兄、竹下哲《さとる》氏が書きとめておいた臨床日記の中には、八木重吉の次の詩があげられている。

虫が鳴いてる
いまないておかなければ
もう駄目だというふうに鳴いている

しぜんと
涙をさそわれる

てんにいます
おんちちうえをよびて
おんちちうえさま
おんちちうえさまととなえまつる
いずるいきにおよび
入りきたるいきによびたてまつる
われはみなをよぶばかりのものにてあり

この詩を兄弟で唱えた。これはまったく念仏である。出息《いずるいき》、入息《いるいき》にその名を呼び奉るのである。「われはみ名を呼ぶばかりの者にてあり」という。み名とは、神の名であり、仏の名である。

この詩と高原医師の歌と『歎異抄』とお念仏によってこの人は、すっと行った。死の直前に、高原医師が、

本願の船には乗れど煩悩《ぼんのう》の　船のともづなはなしかねつも

という歌を贈る。本願の船とは、弥陀の救いの船、弥陀の立てられた衆生《しゅじょう》救済の願いのことである。その船にもう乗せてもらっているのだから、いつともづなを解いて流れの中に出ていってもよいようなものだけれども、何となく、そのともづなが放せない。いつ死んでもよいとは思っても、それでも、生きていることが名残惜しい。一日でも二日でも、世に、とどまっていたいと思う。

そういうものだよと、諭され、慰められる。これに最期の安心をいただいて、竹下さんは静かに死んでいかれた。

臨終日記の最後のあたりを読むと、仏を見つめて生きた者の透明な命のありように打たれざるを得ないのである。

三月三十一日（火）晴

『歎異抄』第十四条拝読。

ひるごろから容態悪くなる。頭を手拭でひやしていると、苦しい息の下から、

「お浄土はなつかしいところね」「即座に開けてきたもんね」

高原先生、二時頃ご来診。輸血ののち、いろいろ話して下さる。

「往生というのは、結局は出船のこと。早い出船もあれば、遅い出船もある。めざすところは西の浄土」「西の浄土とはよく言ったものだね。天国では落着かぬ。東では暑くるしい。すばらしい象徴ですね。仏さまは頭がいいね」

「人間は量と長さばかり問題にしている。金・いのち・うまいもの——すべて、量と長さばかり。大事なことは方向がきまること」

「人生は一応五十年の契約。しかし、家主が不意に出て行ってくれと言うことがある。その場合、田舎に自分の家がある者は、『今までお世話になりました。ありがとう』と言って出て行ける」

「ぼくはよく眠りますよ。ぐっすり眠る。寝床にはいる時は『今日限りのいのち、ありがとう』と言って床につく」

「この部屋に今九人いますね。だれがいちばん先に死ぬかわかりませんよ」

福岡からかけつけて来た博之《ひろゆき》に、やあと握手をして、「ぼくが病気を知らんやったもんやけん、みんなに迷惑をかけて——。ありがとう」「お母さんも今度だいぶんいためたから、よろしく頼むよ。お前のことだから心配いらんけど。日本一の弟じゃもんね」

博之が泣くと、

「おお泣いてくれ。腹一杯泣いてくれ。名残が惜しかもんね」「浄土があるからまた会えるたい。お父さんも十五年前から待っとるたい」

「人生の長い短いは問題ではない。方向のきまるのが大切」
「転勤のことどうなった?」と聞くので、「うんだいたいこちらに移れそうだ」と答えると、「そう、そりゃよかった。おれの代りに暮らしてくれ。そして、兄ちゃんから仏法の話を聞きなさい」「兄弟で仏法の議論ばかりしていたけど、ちっともまちがっていなかったね。即座に道が開けて来たもんね」「あした、兄弟でビールを飲もうや。ビールで乾盃しようや」

西郷の敏代叔母に、「おばさん、ありがとう。ようして下さって——蜂蜜まで探してもろうて」

子どもの敏昭のことで、「あれも、もう少し頭がよかったらお母さんに心配かけんですむのに、と言っとるよ」と叔母が言うと、「いや、頭のいい悪いは問題じゃなか。誠実に生きることがいちばん大切なことよ」「水元さんもちっとも表面に立たんけど、ほんとに誠実な人ね」「お母さんをよろしく頼むばい」「ほんとうにみんななつかしい人ばかりじゃもんね。会いたくない人は一人もいない——。一筋の白道《びゃくどう》ば行くとたい」

四月一日(水)晴

『歎異抄』第十五条拝読。

高原先生ご来診。わざわざ味噌と色紙を持って来て下さる。

一道を辿る外なきこの身なり　ただ一筋に白きこの道

先生、ニコニコ笑いながら、「だいたいあなたの命は三月一杯の予測だった。今日からもうけもんたい」、昭寿も笑いながら、「そうですね。もうけましたね」

兄弟三人で今晩ビールを飲むということを聞いて、「ビールで歓送会だね」どちらを下にして寝たがいいかと昭寿が聞いたことに対して、「どちらでもいい。自然に、いいようにからだが向いているもんだ。そんなことに知識を使わんでもよい」

「どのくらい食べたらいいのでしょうね」と母がたずねたら、「そんなことは誰もわからん。神さまだけが知っている。食べたいだけ食べたらいい」

ほんとうに先生のお話を聞いていると、自然法爾《じねんほうに》ということがわかってくる。そして、療養道はそのまま念仏道であることの味わいがほのぼのとうなずかれる。

四時半頃から家族の者が昭寿をかこんでビールの乾盃。「お互いに前途を祝して――」と昭寿が言ってビールを飲む。

「つめたくて、おいしか」

明るいふんいきが部屋いっぱいに溢れる。笑い声まで起こる。どうしてこれが死の病人の床の風景であろうか。それは、死を超えた世界の風景である。この味は、人生五十年のモノサシでは計れない。人生五十年を超えた世界の味わいである。だからこそ、また、人生五十年を力強く、たくましく歩いて行ける世界である。母が、「あたしゃ、うれしか」

と言って、泣く。

四月十七日（金）晴

朝五時過ぎ頃から工合《ぐあい》が悪くなったので、病院へ電話をかけに行く。帰ってくると、苦しい息の下から、

「連絡ついた？」と言う。「うん、すぐ来て下さるよ」

「どんな姿勢をしたらいいかしら。どんなにしてもきつい」

当直の先生が駆けつけて下さる。ただちに注射その他万全の措置を取って下さる。

「背中をもんで――。背中が痛い」と言う。すぐもんでやる。

七時過ぎから極度に容態が悪くなる。呼吸が早い。そして一呼吸一呼吸がとても苦しそう。脈が早鐘を打つように早い。唇を水でしめしてやる。

母と私、昭寿の手をしっかりと握りしめて、お念仏を唱える。昭寿、いっしんに母の顔を見つめる。

窓の外から、うぐいすの声が聞える。

母が、手をしっかり握りしめながら、

「このまんまよ。このまんまよ。もうすぐ楽にさせていただけるのよね。父さんが待っとんなさるよ」と言ってお念仏する。

昭寿、母の顔を見つめながら手を組み合わせるような恰好をする。そして、かすかに、つぶやくように、「なむあみだぶつ」と唱える。しばらくして涙をほろりとこぼす。母がガーゼでていねいに拭きとってやる。

次第に、呼吸、脈が衰え始める。そして、喘《あえ》ぐような、大きな息を数回して、七時二十五分、とうとう最後の息を引取る。

がんばれと激励することもなく、しっかりしろと力むこともない、静かな往生であった。両手離した、あるがままの、安らかな最後であった。

病室にきれいな花をたくさん飾って、この美しい弟の死を荘厳にしてやった。

こんなに静かな、美しい死はめったにあるものではない。仏の願いを信じ、浄土の存在を固く信じている者の死はこのようであった。

福井さんと竹下さん、クリスチャンと念仏者、生ける者と死せる者、という区別を超えて、目に見えないものを、しっかり見つめて生き、そして、死んでいった者の共通の風光がここにはある。

人間がこんなになれるということは驚異である。私利・私欲・私心のとりことなって東奔西走する人間たちの中に、こういう人間がいるということは、私たちの大きな支えである。

人生をうまく立ちまわり、名声と富を手にする人間は、とたんに目に見えないもののことを忘れてしまう。そういう人間は、目に見えるわずかな世界をくるくる回っているだけの話ではないか。籠の中でせっせと車を回している二十日鼠《はつかねずみ》、水槽の中をぐるぐる泳ぎまわっている鮒《ふな》と同じではないか。

目に見えない世界は海のように広い。虚空のように限りがない。私心など見切りをつけて、この大らかな世界に足を踏み入れて行きたいものである。

足の裏から光が出る
——私心なき人たち

人間のまわりにある光の環《わ》

昭和四十八年の一月に私はインドへ行き、釈尊の遺跡を一つ一つ巡礼して来た。それ以来、人間のまわりに円光があるのだなという考えを持つに至っている。人間の命のまわりに光の環のようなものがあり、その光の環のようなものが人間と人間を結びつけ、人間と自然とを結びつけるということを考えている。

昔の日本人は、自然の中に生き、自然と一つになっていたから日本人らしさを持っていた。しかし、今の日本人は自分の手で自然を壊し、自然を失ったために、昔の日本人のようでなくなったといわれる。では自然さえ取り戻せば昔の日本人のようになるかというと、そう簡単に自然と人間が結びつくわけにはゆかないだろうと私は思う。

今の日本人は、たとえ自然を取り戻したとしても、自然の中から何かを汲みとるとか、自然に何かを教えられるというようなことは、おそらくできないであろう。なぜなら、人間の命のまわりに光の環のようなものがあり、自然のまわりにもやはり光の環のようなものがあって、その光の環と光の環とが交渉しあってはじめて、自然が人間にとって生きた存在となるのである。

　だから、自然のまわりにある光の環、人間のまわりにある光の環、そういうものを取り戻さないかぎり、どんな自然を持ってきてもだめである。また、自分の命のまわりに光の環を持たぬ者は、どんな立派な人のそばに行ってもだめなのである。

　まわりに、光の環を持っている自然は生きている。生きていない自然には光の環はない。だから、生きている自然の中に入って行かなければならない。生きている自然とは、木に根があって水分を吸い上げ、緑の葉をつけているということだけではない。緑の葉をつけ、いかにも生きているように見えたとしても、それだけでは息をしているというだけのことで、生きているとはいえない。

　ちゃんと生きているような顔をしてはいても、本当にはまるで生きていない人間がたくさんいるのである。ただ自分一人が生きること、食うことのみを考え、まわりの人のしあわせなどまるで考えもしない人間を、生きた人間といえるであろうか。

「豚のような人間」というが、豚は死ねば人の命を支える肉となる。そういう人間は、死ぬことによっても何ももたらさない。豚以下ではないか。そんな生き方は金輪際《こんりんざい》したくないものである。人間として生きている以上、まわりの人々の支えにならなくては、生きているとはいえないのではないか。

　人間は、まわりの人々の支え、多くの人々の支えとなった時から、自分の命のまわりに光の環を持つようになる。人間が自分の命のまわりに光の環を持っていると、自然のほうから積極的に近づいてくる。呼びかけて来るのである。その時、自然は光を発するのである。仏教詩人坂村真民さんは、それをこう歌っている。

すべては光る

光る
光る
すべては
光る
光らないものは
ひとつとしてない
みずから
光らないものは
光を受けて
光る

この詩には、すべてのものが、そのまわりに光の環を持っているということが歌われているのだと思う。

お寺は光の環を持っている。その光の環の中に入ると、人間は気持ちがよくなる。だからお寺へ行って気持ちが悪くなるようだったら、その寺には光の環がないのである。お寺というところは気持ちのいい場所であるはずである。それが気持ちが悪いというのは、住んでいる人間の程度がよほど悪いか、その寺の歴史がよほどよくないかである。

お寺は本来、仏法僧の三宝が光るところである。仏さまも光り、教えも光り、僧も光るところである。自分のまわりに光の環を持とうと思ったら、そういうところに近づくのが一番早道である。自分の力だけで自分を光らそうとしてもそうはゆかぬ。光るのではない、光らせてもらうのである。

坂村真民さんの別の詩に、こういうのがある。

かなしみゆえに

きょうは
わたしの
かなしみゆえに

木が光る
草が光る
石が光る
重信川《しげのぶがわ》の
水が光る

かなしみゆえに木が光り、草が光ると真民さんは言う。しかし、一般的にいうと、人間がかなしみに沈んでいる時に、木が光ったり草が光ったりするわけはない。人間がかなしみに沈んでいる時は、木も沈み、草も沈み、物みな灰色に見えるのではないか。

それならば、このかなしみはわれわれがふつういうかなしみとは違うことになる。そんなかなしみがあるであろうか。大体、人はいかなる時にかなしむのであるか。そこで考えられるのは、釈尊のことを「かなしみの人」といった言い方である。

釈尊は「慈悲」を説かれた。「悲」とは、かなしみである。しかしこの「悲」は、ふつういうところのかなしみとは違っている。同じものであって、しかも違っているのである。

そのかなしみはどこから来るか。それは、この世界を動かし、この天地を動かし、この人間を動かしている「大きな仏のいのち」から来る。その仏のいのちは、われわれをどこへ動かしてゆくのか。すなわちそれは、この世界をして調和あらしめ、大ぜいの人々をしあわせならしめるように、この世界を動かし、人間を動かしているのである。

この天地をして調和あらしめ、世界をして平和ならしめ、大ぜいの人間をしあわせならしめる力が働きかけていることを、キリスト教では「神のみ旨」とよび、仏教では「仏さまのはからい」という。日蓮上人はそれを「妙法」と呼んだ。親鸞上人はそれを「弥陀の誓願不思議」と呼んだ。

そういう力が動いているということ、それを認めることができない人は、認めなくともよい。そういう人といえども、また別な立場から人間の幸せを考えざるを得ないのであり、ついには同じところに行くのである。

その大きな力が動いているということを感じた時、人間はその大きな力と一つになる方向に動いて行くかというと、そうはゆかぬ。人間には人間の長い歴史がある。人間の血の中には、そして、大脳皮質の中には、自分を護《まも》るためには平気で嘘《うそ》をつき、人を欺《だま》し、陥れ、はなはだしい時は親でも子でも兄弟でも殺して来たという記憶がある。それはどうすることもできない人間の業《ごう》である。

だから人間は、そういう力を感ずれば感ずるほど、反面において、自分一身の利害・私利・私欲・私憤・私怨に執着するという方向に動いてくるのである。そこに非常に大きな行き違いが生ずる。右に行くのが本来であるのに左に行かざるを得ないのである。そういう時、本当の人間のかなしみというものが起こるのである。

ゆえに真民さんが「きょうは　わたしの　かなしみゆえに」という時、真民さんの心の中に人間的な愛執・執着・執念が動いており、動いているからよけいに、仏さまの力というものをひしひしと感ずるのである。しかも、そういう仏さまの促しに対して自分が一緒に動いて行くことができない。そのかなしみが今、真民さんを締めつけている。そういう時、人間は、かなしみによって眼が澄むのではないか。

眼だけはきれいだという人がある。誰だって一日十時間も寝ればきれいな眼になる。きれいな眼をしているからきれいなことを考えているかというと、まるでさかさまなこともある。本当に眼が澄むということは、そういうかなしみを経験した時に来る。その時、その澄んだ眼に、まったく違った世界が見える。

人間のどうしようもないところが、自分でよくわかり、自分を動かしている大きな力に従って行こうという気持ちがあるからこそ苦しい。そういう気持ちがなければ苦しむこともなく、かなしむこともない。

だから、かなしみがあるということは、その大きな力をひしひしと感じているということである。その時、人間の眼は澄んで、木にも、草にも、石にも、重信川の水にも、光を感じ取るのではないか。そういう人の前に、重信川の水も、木も、石も、草も、自分のまわりにある光の環を見せるのではないであろうか。

自然はいつでも同じ顔を見せているのではない。だから、同じように自然の中を歩いても、ある人には、すばらしいものが見え、他の人には見えない。

自然は、光の環を持たぬ人間には自然のすばらしさを見せない。ある人がすばらしいと感動したところへ出かけていって、ちっともすばらしくなかったといって帰ってくる人がある。つまりそれは、その人間には光の環がないということである。だから「自然に裏切られた」などといわぬほうがよい。裏切ったのは自然ではない、自分なのである。

光を発する人は、仏さまに近い人である。仏さまは光そのものであるから、光の環のある人は仏さまに近いのである。

そういう人にはきまって私利・私欲・私心というものがない。人によく思われようという気がない。人を憎む心もない。だから光を放つのである。

そうか、に始まり、そうか、に終わる

江戸時代に白隠《はくいん》禅師という人が出た。「駿河の国に過ぎたるものが二つあり。富士のお山に原の白隠」といわれたほどの人である。

ある豆腐屋のおやじが、この白隠禅師を尊敬していた。ところが、この豆腐屋の娘が尻軽で、密通し、たちまち子を孕《はら》んだ。父親がびっくりして、腹の子の父親は誰だと問いつめた時、このずるがしこい女は「白隠さまだ」と嘘をついた。父親の尊敬している白隠の名を出したら、いくらなんでもそうひどい仕打ちにはあうまいと高をくったのである。

いつの世でも親ほど馬鹿な者はない。よくよく考えればわかりそうなものを、たちまち逆上し、あっという間に白隠に対する帰依《きえ》の心を忘れた。裏切られたと叫んで半狂乱になった。なあに裏切ったのは豆腐屋のほうである。一旦信じて師と仰いだ人を、弊履《へいり》のように捨て去ろうとしたこの男のほうこそ、師を裏切ったのである。

赤ん坊が生まれると豆腐屋は、「覚えがあろう」と叫ぶなり、白隠の前へ赤ん坊を放り出して出ていった。白隠にはまるで覚えがない。しかし放っておけば赤ん坊は死んでしまう。そこで「そうか」といって受け取ってしまった。世間の常識からいうと、「そうか」といって受け取った以上、父親だということを認めたことになる。

そこで白隠の評判は恐ろしく悪くなった。人々は堕落僧と白隠を罵《ののし》った。激しく罵る人間ほど実は危ういのであって、自分がやりそうなことを自分で感ずるゆえ、よけいに白隠を憎むのである。白隠をくそみそに罵った僧も多かったろう。こっそり自分もやっていることゆえ、よけいに白隠を憎み、白隠を激しく罵ることで、自分を覆いかくそうとするのである。

白隠は仕方なく赤ん坊を抱いて托鉢《たくはつ》する。布施する者は非常に少なくなった。しかし、全く変わることなく白隠を支持する人たちもいて、赤ん坊は無事に育っていった。

ある寒い雪の降る日に、白隠は例によって赤ん坊を衣の袖に包み、托鉢して歩いた。それを見ていたかのずるがしこい、人非人《にんぴにん》の女は、ついに良心の呵責《かしゃく》に耐えられず、「実はあの子の父親は白隠さまではない」と告白した。仰天した豆腐屋が白隠のところへ飛んできて、「まことに申しわけないことをいたしました。あれは間違いでございました。赤ん坊は引き取ります」といったところ、白隠は静かに「そうか」といって返したということである。

白隠禅師にとっては、自分の名誉が失墜し、世間から白眼視されることなど眼中になかった。ただただ罪のないかわいい赤ん坊を死なさないということのみを思ったのであった。どうでもよいほうは捨て、しなくてはならぬほうを取った。こういう人が光を発するのである。

この白隠禅師でさえ、大悟三度、小悟数を知らずといわれ、何度でも悟り直し、悟り直ししてゆかれたのである。何度も悟り直さなくてはならぬというのは、やはり、私心が動いてくるからで、白隠禅師にしてそうなのであるから、人間が光を発するということは実に大変なことなのである。

そういう点からいうと、木や草や石には私心というものがない。ゆえにやすやすと光を発するのである。

さて、人間のまわりにある円光は、一体、どこから光り出して来るのか。これに答えるのは、坂村真民さんの次の詩である。

尊いのは足の裏である

1

尊いのは
頭でなくて
手でなくて
足の裏である
一生人に知られず
一生きたない処と接し
黙々として
その努めを果してゆく
足の裏が教えるもの

しんみんよ
足の裏的な仕事をし
足の裏的な人間になれ

2

頭から
光が出る
まだまだだめ

額から
光が出る
まだまだいかん

足の裏から
光が出る
そのような方こそ
本当に偉い人である

なんとこの詩によれば、光は足の裏から出るのであるという。足の裏から、どうして光が出るのか。

植物には根というものがある。植物は地上に五メートル伸びるためには五メートルの根を張るのである。私の住んでいる多摩川の土手にはいっぱいの蓬《よもぎ》が生い茂っているが、わずか五センチの茎と葉を維持するために、なんと十センチもの太い根を伸ばしているのである。高村光太郎はこれを「草木の正しさ」と呼び、「私の正しさは草木の正しさです」と「人類の泉」の中に歌っている。

しかし、多くの人間は根無草であって、やれ課長の、部長の、などというが、根は全くない人間が多い。話しているうちに、その無内容に呆れることがある。

ゆえに仏教では「善根《ぜんこん》を種《う》えよ」と教える。足の裏から善の根をおろせというのである。それは、「人に知られぬように善行をなせ」ということである。誰にも知られぬように、大ぜいの人々をしあわせにする生き方をせよというのである。その時、足の裏から光が出るのである。

光のすあし

足の裏が光るということで思い出すのは、宮沢賢治の童話であって、しばしば「光のすあし」と表現される仏さまが登場するのである。

たとえば、「ひかりの素足」という童話。

一郎と楢夫《ならお》という兄弟がいて、この二人の父は樵《きこり》である。その父の山小屋へ二人で泊まった翌朝、楢夫が泣きながら妙なことを言う。

「お父さんおりゃさ新しきもの着せるって云《い》ったか」（お父さんが私に新しい着物を着せるって言ったか）

父親はそんなことを言った覚えはない。そして、それを聞いた兄の一郎はなぜかぞっとするのである。父親は笑いながら慰めてこう言う。

「あははは、風の又三郎ぁ、いい事云ったな。四月になったら新しい着物買ってけらな。一向泣ぐごとぁないじゃい。泣ぐな泣ぐな」

すると、楢夫が言う。

「それがらお母さん、おりゃのごと湯さ入れて洗うて云ったか」

これは死者の湯灌《ゆかん》をするということである。それを聞いた父親はまっ青になる。

「それがらみんなしておりゃのごと送って行ぐて云ったか」

これは野辺の送りのことである。子供は死ぬ前に、びっくりするようなことを言う。親がどんなに否定しても、絶対的な迫力で迫ってくるものが、子供にはわかっている。そして、自分の死を予告するのである。

一郎と楢夫が山をおりる時、馬を引いた人が兄弟を連れていってくれる。しかし、途中で、この馬を引いた人は、その友だちと長話をはじめた。その時、兄弟は、待っておればいいものを、もう道がわかっているからと、峠のほうへ向かうのである。

ところが、峠の頂上へ兄弟が着いた時、天候が激変して吹雪になる。その吹雪の中で兄弟は意識を失ってしまうのである。

気がついた時、兄弟は「うすあかりの国」という所にいた。そこはどうやら地獄へ行く途中らしく、大ぜいの子供が鬼に引かれている。二人もいつしか、子供たちと一緒に歩き出すのであるが、足の下にはぎざぎざに尖《とが》ったものがあって、足が傷つくのである。そして鬼は鞭《むち》を鳴らして子供たちを追い立てる。傷ついた楢夫が苦しむと、一郎は楢夫をかばって言う。

「私を代りに打ってください。楢夫はなんにも悪いことがないのです」

鬼はぎょっとしたように一郎を見て、それから口をしばらくぴくぴくさせて、大きな声でこう言う。

「罪はこんどばかりではないぞ。歩け」

前生、その前生、そのまた前生と、人間はそのたびに罪をたくさん背負いこんでいるので、今度ばかりの罪で来たのではないというわけである。

一郎は、楢夫が打たれるたびに、「楢夫を許してください、楢夫を許してください」というのである。こうして、一郎が楢夫をかばっている時、一郎は、「にょらいじゅりょうぼん第十六」という語を、かすかな風のように、また、匂いのように感じた。すると、何だかまわりが、ほっと楽になったような気がする。

この「如来寿量品第十六《にょらいじゅりょうぼん》」というのは、日蓮宗や法華宗の人たちが朝夕読経する法華経の第十六章のことで、人間とこの世界を動かしている永遠の生命、「久遠実成《くおんじつじょう》の仏」（永遠の昔から実在しつづけている仏）のことが書かれているのである。以下は原文によって知ってほしいので、その要文を抜萃《ばっすい》すると、

気がついて見ると、そのうすくらい赤い瑪瑙《めのう》の野原のはづれがぼうつと黄金いろになつてその中を立派な大きな人がまつすぐにこつちへ歩いて来るのでした。どう云ふわけかみんなはほつとしたやうに思つたのです。

その人の足は白く光つて見えました。実にはやく実にまつすぐにこつちへ歩いて来るのでした。まつ白な足さきが二度ばかり光りもうその人は一郎の近くへ来てゐました。

一郎はまぶしいやうな気がして顔をあげられませんでした。その人ははだしでした。まるで貝殻のやうに白くひかる大きなすあしでした。くびすのところの肉はかがやいて地面まで垂れてゐました。大きなまつ白なすあしだつたのです。けれどもその柔かなすあしは鋭い鋭い瑪瑙《めのう》のかけらをふみ燃えあがる赤い火をふんで少しも傷つかず又《また》灼《や》けませんでした。地面の棘《とげ》さへ又折れませんでした。

この白くひかる大きなすあしの人（仏）は言うのである。

「こはいことはない。おまへたちの罪は、この世界を包む大きな徳の力にくらべれば、太陽の光とあざみの棘のさきの小さな露のようなもんだ。なんにもこはいことはない」と。この世界を包む大きな徳の力とは、この世界をして調和あらしめ、平和ならしめ、人間をしてしあわせならしめる大きな力のことである。その大きな力の前には、人間が罪を犯したとか、善行をなしたとかいうようなことはまるで問題にならないのである。

その人は、しずかにみんなを見まわして言った。

「みんなひどく傷を受けてゐる。それはおまへたちが自分で自分を傷つけたのだぞ。けれどもそれも何でもない」

先にも言ったように、豆腐屋のおやじは白隠に裏切られたといったが、真に裏切った者は豆腐屋である。白隠は豆腐屋に対して「信じてくれ」とか、「立派な禅僧だと尊敬してくれ」と頼んだわけではない。豆腐屋のほうで勝手にきめておいて、しかも、自分の思っていたような人でないから、裏切られたと言ったのである。

本当は豆腐屋が白隠を裏切ったのである。大体、人に裏切られたと公言するような奴は、当の本人のほうが裏切っているのである。「あいつに裏切られた」などと言わぬことだ。それは自分の馬鹿さ、いい加減さをさらけ出しているようなもので、心ある人は、「おまえのほうこそ裏切っているのだろうよ」と笑うのである。

そして、裏切ったの、裏切られたのと言ったところで、それはこの世界を包む大きな徳の力に比べれば、太陽の光とあざみの棘の先の小さな露のようなものである。それなのに、十日も、一月も、一年も、死ぬまでも言いつづけるとしたら、その執念深さはもはや鬼畜・怨霊の世界のものであって、もう人間の埒外《らちがい》にはみ出してしまっているといってよい。

さて、その光のすあしを持つ人は、楢夫はここにとどまらなくてはならない（死なねばならない）と言う。そして一郎にはこう言うのである。

「おまへはも一度あのもとの世界に帰るのだ。おまへはすなほないい子供だ。よくあの棘の野原で弟を棄てなかつた。あの時やぶれたおまへの足は、いまはもうはだしで悪い剣の林を行くことができるぞ。今の心持ちを決して離れるな。おまへの国には、ここからたくさんの人たちが行つてゐる。よく探してほんとうの道を習へ」

そう言われたのち、ポーっと光った世界から楢夫はだんだん遠ざかって行く。そして、何か言いたそうに、こちらへちょっと手を伸ばしたときに、「楢夫」と叫んで、一郎は気がつくのである。

もう空は真っ青になっていて、村の人たちが子供を助けに来ている。そばで猟師が叫ぶ。

「弟ぁなじょだ。弟ぁ」（弟のほうはどうだ、弟は）

すると隣の人が答えた。

「弟ぁわがないよだ」（弟はだめだ）

一郎は助けられて、楢夫は死んでしまうのである。

これが「ひかりの素足」という童話である。この中に、私のいっている「人間のまわりにある円環・円光」の原型を見るのである。

足の裏から光が出るとか、ひかりの素足とか考えているうちに、「仏足石《ぶっそくせき》」というものに気がついた。仏足石とは、大きな石に仏の足の裏の形を彫ったものである。古代のインド人は、仏の姿を像に描いたり、彫ったりすることはもったいないことだと考えて、やらなかった。その代わりに、誰もすわっていない椅子や台座や足の形で仏さまを表現した。足の形が次々に位置を変えてゆくことによって、釈尊《しゃくそん》の歩いてゆかれる姿を表現したのである。

仏足石を拝む信心を多少奇異なものに思っていた私は、薬師寺金堂《こんどう》前の仏足石を見ても、ヘエと思っただけであった。薬師寺さんでも、金堂の薬師三尊や、東院堂の聖観音ほどには仏足石を大事になさっているわけではなさそうである。

しかし、仏足石を見てヘエと思うような心では、その身のまわりに光の環が生まれるわけはない。この世に生かされていてありがたいと思うのなら、耳にふれ眼に映るものすべてに微笑みかけずにはいられぬであろう。仏さまの足の跡と聞けば拝まずにはいられぬであろう。

金堂の前に仏足石のあることは、ありがたいことである。古人はこうしておのれの信心をたしかめたのである。「おまえの信心はほんものなのか？」と。

人間のまわりに光の環がある。今は小さくとも、やがては光そのものになるまで、その環を大きくしてゆかねばならぬのである。

終章 愛の環の中に生きる

私はこれまでの章で、男のことばかり語りすぎたようだ。この世の中は、男と女で成り立っている以上、女のことを語らなくては納まりがつかないだろう。

ところが、どうも女というのは語りにくい。つかまえにくいといってもよい。たとえば女はやさしいというが、このごろはやさしくないのもごろごろしている。男のほうがやさしくて、よく気がついて、ういういしいなどという馬鹿げた現象さえ見える。女の中には男より残虐《ざんぎゃく》で、屈折していて、意地の悪いのがいる。こんな女にひっかかった男は、生きかたが上手《じょうず》も下手《へた》もない。一巻の終わりである。生涯浮かばれぬのである。

たしかに、いい女にめぐりあうということは、上手に生きる生きかたの大きな条件になっている。いい女とは何か。心がやさしくて、深くて、温かくて、限りなく赦《ゆる》す世界を持っていること。体がゆたかで、ふっくらしており、匂うような官能を持っていること。この二つをそなえている女を、いい女という。こういう女性は優雅にして、しゃっきりしており、花がほころびたようにあでやかで、どこやらパアなところがある。しかも、愛する男に対してはただ一筋なのである。

こういう女性は、男にとって、ふる里のごときものである。室生犀星《むろうさいせい》は「ふるさとは遠きにありて思ふもの」と歌ったが、近づきすぎると女はみんなぼろを出すので、一定の車間距離をおく智恵を歌ったのであろうか。距離をおかざるを得ない男の悲しみを歌ったと考えてもよい。犀星が女にふる里を求め、そのたびに裏切られた悲しみを歌ったといってもよい。いかに近づき、いかに心をゆるしても、ぼろを出さぬ女は、暁天の星のごときものであろうか。

いい女は一代ではできない。どうやら深く前生にかかわっているようである。「女は業《ごう》が深い」ということを、女自身がよく言う。女は、体でそのことを知っている。自分の理性でコントロールできそうもないものが、体の底にうごめいていることを、女自身が一番よく知っている。それでも女の中には、マリアがあり、観音がある。そこにまた男の夢と安らいがあるともいえよう。

真にやさしく、深く、温かに、限りなく赦す愛に生きている女性は、そのまま光の環である。その中で男は、理想に燃え、理法に生かされ、きびしく、激しく、強く生きられるのである。

犀川《さいがわ》のほとりにて

私は大正十一年の夏に山口県の萩《はぎ》で生まれ、四つの年に広島に移ってそこで育った。それゆえ、私のふるさとの町は萩であり、また広島なのである。

しかし、私の父母は金沢の人間であり、先祖も、かなり長い間金沢にいたのであった。それゆえ、金沢もまた私のふるさとの町として加えなくてはならない。

私自身は幼少年のころ金沢の町にいたわけではない。ゆえに、私は金沢の町など知らぬのである。それなのに、金沢の町を歩くと、他の町には感じたことのない独得のなつかしさを覚える。それは私の父も母も、そのまた父も母も、父祖代々この金沢の町に生きていたからである。犀川《さいがわ》の静かな流れに沿って歩きながら、「ああ、ここは初めて歩く道じゃないな」と私はしみじみ思った。ここは若き日の父が、美しかった母を争って、一人の男と水の中で取っ組み合いをした川なのである。

私は大学二年の時に学徒動員で広島の五師団工兵連隊に入隊した。そこに中村儀三《なかむらぎぞう》という連隊長がいた。八字ひげをぴんとはやした、背は低いが実に男らしい中村大佐が、ある日、私を連隊長室に呼んだ。

「きさまの名前は紀野というな？」

「そうであります」

「妙な名だな」

「はい、そうであります（よけいなお世話だ）」

「きさまのおやじは、もしかしたら金沢ではないか？」

「はい、そうであります」

「きさまのおやじは紀野俊耀《しゅんよう》といわないか？」

「はい、そうであります」

俊耀とは父が小さい時に呼ばれていた名前である。どうしてそんな昔の名をこの大佐は知っているのか。

「そうか、では、お母さんは春子さんといわないか？」

「はい、そうであります（おかしいな、どうして母の名まで知っているのだろう）。連隊長殿はどうして自分の母の名までご存知なのでありますか？」

「よけいなことは訊くなっ」

（勝手にしろ、もう何も返事をしてやらないから）

中村大佐はさすがにちょっと言いすぎたと思ったのであろう。しばらく黙って、それから声をちょっと低くして言った。

「おまえのお母さん、今でもおきれいか？」

（これは容易ならんことを言うぞ。もしかしたらこれは三角関係か？）

その時、中村大佐がとんでもないことを言い出した。

「きさまのおやじはひどい奴だ。おれは春子さんと結婚したいと思っていたんだ。そこへあいつが出てきて、春子さんと結婚しおった。しかもだ、犀川のまん中で、おれの首根っ子をつかまえて水の中に漬《つ》けおったんだ。おれはもう少しで死ぬとこだった。おまえはそいつの息子だっ」

私はびっくり仰天した。なんと私は入るにこと欠いて、昔のおやじの恋仇《がたき》の連隊に入ってしまったのである。これが運の尽きでなくてなんであろうか。

「きさまのおやじ、どこにおる?」

「はい、広島市新川場町三九番地本照寺という寺におります」

「それだけ聞きゃもう用事はない。帰れっ」

連隊長は次の日、車に一升瓶を三本積んで、おやじのいる本照寺へ殴り込みに行った。おやじが出て来て、最初は誰やらさっぱりわからない。大佐に「きさま、おれの首根っ子をつかまえて犀川に沈めたのを忘れたかっ」と怒鳴られて、やっと思い出した。「なんだ、きさま、中村儀三!」と大騒ぎになり、そこへ春子さんが出てきて、さらに大騒ぎになった。三人で夜通し飲んで大騒ぎして帰ったそうである。なあに連隊長はおやじに会いに行ったのではない、春子さんの顔を見に行ったのである。

それから私は大佐に大事にされた。営庭で徒手訓練をやっていると、突如として連隊長が近づいて来る。下士官が緊張のあまり石のようになって「気を付けェ」と怒鳴る。しゃっちょこ張って立っている初年兵を大佐はじろじろと見て、私の前まで来ると、「紀野！」と言う。

「はい」

「元気でやっとるか？」

「はい、元気でやっております」

「よし」

大佐は満足そうに行ってしまう。なあに、私を見に来たのではない、春子さんの面影を見に来たのである。大体、私は母親似なのである。下士官がびっくりして私に訊く。

「紀野、おまえは連隊長殿の親戚か？」

私はゆっくりその下士官の顔を見て、ゆっくり答える。

「はい、そんなものであります」

それはそうだ。まかり間違えば私は連隊長の息子になっていたかもしれぬのである。親戚どころの騒ぎではない。因縁というものはまったく不思議で恐ろしいものであった。

その中村大佐も死んだ。父も、母も、広島の原爆で死んだ。そして、犀川の流れだけが、昔のままに、ゆったりと、美しく、静かに流れる。男の愛も、女の愛も、歳月の流れの中に押し流して、今日もまた、ゆったりと流れる。

私が入隊した時、中村大佐はすでに五十七、八であったろう。四十年も昔に自分が心ひかれ、恋仇と犀川で渡りあった情熱を、大佐は四十年後にも失ってはいなかった。美しかった若き日の母に、全身で惹《ひ》かれていたことを、大佐は私にかくさなかった。

私は大佐のことを思うと、おかしなことに、西部劇の名優ジョン・ウエインを思い出す。五十過ぎ、六十過ぎ、七十過ぎても、男の精気と、美しい女に恋する情熱を失わない西部の男を演じてジョン・ウエインの右に出る者はいない。大佐はそんな男であった。

そんな大佐と、一匹狼で豪放な日蓮僧であった父との二人に、私の母が本気で愛されたのは、母が美しく、やさしく、温かく、限りなく赦《ゆる》す世界そのもののような人であったからだと私は思う。私は母に叱られたという記憶がない。怒られたり、怒鳴られたりしたことがない。大きな声をあげたのを聞いたことがない。私が今、女性の中に限りなく美しいものがあると、ごく単純に、真率《しんそつ》に信じているのは、この美しい母のおかげである。

母は私が戦場へ赴く日、本照寺の大きな玄関の横で私の軍刀を胸に抱き、しばらく私の顔を凝視してニッコリ笑い、軍刀を私の胸に押しつけた。「それじゃ、体を大事にしてね……」と言ったきり、涙もこぼさなかった。私が鮮明に記憶しているのはこの時の母の笑顔である。その顔は中宮寺の観音さまにそっくりであった。慟哭《どうこく》の寸前の微笑といわれる、如意輪《にょいりん》観音のお顔であった。母は、観音さまになったのである。母の持つ光の環は、今にして思えば実に大きかった。父も、私も、中村大佐もその環の中にいた。母はまったくそれを意識してはいなかったが、母のそばにいると、人はみな、無心になり、私利・私欲・私心を忘れた。私が今日、永遠なるもの、美しいものに眼が開いたのは、実にこの母のおかげである。

ふるさとは遠きにありて思ふもの

犀川の対岸に、詩人室生犀星《むろうさいせい》の詩碑が立っている。

あんずよ
花着け
地ぞ早やに輝け
あんずよ花着け
あんずよ燃えよ
ああ　あんずよ花着け

さびしく白いあんずの花。それは、見る者の心に、ふるさとへの郷愁を呼びさまさずにはいない。しかし詩人は、ふるさとは「帰るところにあるまじや」と歌うのである。

ふるさとは遠きにありて思ふもの
そして悲しくうたふもの
よしや
うらぶれて異土《いど》の乞丐《かたい》となるとても
帰るところにあるまじや
ひとり都のゆふぐれに
ふるさとおもひ涙ぐむ
そのこころもて
遠きみやこにかへらばや
遠きみやこにかへらばや

犀星の詩には独得のリズムがあって、その意味がよくわからなくても、人の魂に強く訴えてくるものがある。この詩にも、前の詩にもそれがある。そしてまた、ふるさとというものにもそれがある。

ふるさとは、その中にある時にはそのよさがわからない。遠くにあってはじめて、ふるさとのよさはわかるのである。

ゆえに、ふるさとは遠きにありて思うものなのである。

「ふるさと」とは、一定の天地を指していうことばではない。その天地の中に生き、死んでいった人たちの念のようなものが、その天地を光の環のごときもので包んでいる。それを含めて、ふるさとという。

その天地の中に吹く風は、業《ごう》の風である。よろこびも、かなしみも、愛も、憎しみも、ことごとく業の風となって、ふるさとの天地に吹き舞う。

遠きにありてふるさとを思うと、そのことがよくわかる。必ずしも幸せとはいえない幼年期も金沢の町に送った詩人にとっては、ふるさとはたまらなくなつかしく、せつなく、かなしいものであり、また、帰るところでなかったのであろう。

しかし、そのふるさとの光の環に犀星が支えられ、美しい詩の数々を生み出したことは、たしかなことなのである。

ふるさとにひかれる詩人犀星の友人に芥川龍之介《あくたがわりゅうのすけ》がいる。この二人は、心の非常に深いところで結びついている友人同士であった。

大正十三年の夏、芥川龍之介は、犀星といっしょに、軽井沢のつる屋という旅館に、避暑の生活をしていた。そこへ、東京の実業家M氏の夫人が子供を連れて、これも避暑にやって来た。

龍之介はそのころ、すでに多くの女性と深い交渉を持っていたにもかかわらず、このM夫人に対しては実に少年のように純な、精神的な愛を抱いたのであった。

M夫人は龍之介よりはるかに年上の、しかも、大きな子供まである人であったが、龍之介はこの人に惹かれた。不倫といわれようと、愚かと笑われようと、どうにもならぬ激しい力で惹かれた。

その愛はあまりにも激しく深かったので、龍之介はついにその愛を夫人に告白することができなかった。一言の愛のことばも告げることなく、龍之介は軽井沢を去った。

しかし、この愛は龍之介の心に濃い影を落とした。不器用で、初々しいその恋は、不器用なればこそ、消しがたい濃い影を魂の上に刻んだのであった。

大正十四年になって、龍之介はすばらしい歌を作り、すばらしい詩を歌い出た。それらはことごとく、M夫人への愛に根差すものであった。

大正十四年四月十七日、龍之介は犀星のもとに次のような詩を送って来た。それには「誰にも見せぬやうに願上候《ねがいあげそうろう》」という断り書きがしてあった。

歎きはよしやつきずとも

君につたへむすべもがな

越《こし》のやまかぜふき晴るる

あまつそらには雲もなし

また立ちかへる水無月《みなづき》の
歎きをたれにかたるべき
沙羅《さら》のみづ枝に花さけば
かなしき人の目ぞ見ゆる

この詩はもとより、M夫人への忘られぬ思慕の念を歌ったものである。龍之介はM夫人をしばしば「越の人」と呼んだ。それは累《るい》がM夫人に及ぶのを恐れて、「越の人」と言いかえ、人の眼をくらましたのである。

M夫人は教養の深い、聡明な、美しい人であったというが、「越のやまかぜふき晴るるあまつそらには雲もなし」という世界の人であった。明るく、さわやかな、心に一点の影もない人であった。光の環のごときものをそのまわりに持つ人であった。ゆえに龍之介は、それまでのように、安易に近づくことができなかった。邪心を洗われたのである。

龍之介のこの詩は、修善寺温泉で原稿執筆中に書かれたものである。修善寺の付近、天《あま》城《ぎ》の山中には沙羅の木が多いという。沙羅の木は、花びら五枚の白い花をつける。木の幹がなめらかで「さるすべり」によく似ている。軽井沢で龍之介はこの花をよく見かけた。その白い花に龍之介はM夫人の面影を偲《しの》んだのである。

この軽井沢のさるすべりについて犀星は、「庭をつくる人」の中でこう言っている。

「普通さるすべりといふと百日紅をおもひ出すが、軽井沢のさるすべりといふのは七月終りに大輪の山茶花《さざんか》のやうな白い花を着け、椿のやうに脆《もろ》く散るのがそれであつた。花びらのうすいこと、散りやすいこと、清げですつきりしてゐること、類《たぐ》ひない優しさ悲しさを湛《たた》へてゐること、いまだ嘗《かつ》て見たことがない程《ほど》の美しさだつた」

この犀星のことばも、ただ、さるすべりの花の美しさを賞したというだけでない切実なものがある。おそらく犀星もまた、この花を見る時、卒然としてM夫人のことを思い出したのであろう。思うにM夫人という人は、清らかな、すっきりした感じの人であり、また、比類のないやさしさ、かなしさを湛《たた》えた人だったのであろう。

龍之介のいう「かなしき人」とは、こういう人であった。愛《かな》しき人であり、また、悲しき人、悲しいまでに美しく澄んだ人であった。「あまつそらには雲もなし」というほど澄んだ、透明な青空のような人であった。

数学者で、有数の文化人である岡潔《おかきよし》先生は、芥川のこの詩を激賞して、これは釈尊を歌ったものであるといわれた。なるほど釈尊は沙羅の木の下で亡くなられ、その時、沙羅の木は時ならぬに白い花をひらいた。その姿が鶴が羽をひろげたようであったので、その林を「鶴林《かくりん》」というのである。その鶴林で涅槃《ねはん》に入られた人、釈尊の眼は「かなしき人の眼」であったと、岡先生はいわれる。

この考えはたしかに面白い。釈尊はたしかに「かなしき人」である。しかし、これが釈尊を歌ったものであるなら、「誰にも見せぬやうに願上候」と断わる必要はない。これは、公開されては困るゆえ、この断わり書をしたのである。龍之介のいう「かなしき人」とは、まず第一に「愛《かな》しき人」であり、ついで「悲しき人」なのである。すなわち、M夫人のことである。龍之介はM夫人の中に「永遠の女性」を見ていたのであるから、永遠の人を「かなしき人」と捉《とら》えたことになる。その点では岡先生の考えにつながるものがあるが、この時の龍之介は釈尊のことを歌いたかったわけではない。

私が、今この龍之介の詩をとりあげたのは「かなしみ」というものについての、一つの考え方が、この詩の中にかくれていると思うからである。

かなしみというものは、いつでも悲しいというのではない。うれしいけれどもかなしい、かなしいほど美しい、かなしいほど透き通っているという性格がある。そして、愛に対して不器用な人間でなくては、この「かなしみの美しさ」に触れることはできないのである。

龍之介も犀星も、「ふるさと」と呼ばれるものに深いあこがれを持っていた。一人は「心のふるさと」、一人は「生まれた天地というふるさと」に対して、渇望といってよいほどのあこがれを持ち、しかも、近づくことをせず、近づかないからかえって、そのふるさとはいよいよ透明な美しさにつつまれていったのであった。

M夫人がほんとうはどんな女性であったのか、この二人以外に知る者はいない。M夫人のそばにいるからといってM夫人を知っていることにはならない。かえって、わずか一夏、それも遠くから眺めるだけであったこの二人の詩人のほうが、M夫人を、よく見通していたのかもしれぬ。

「ふるさと」と呼びたい

女は業が深いという。愛する男のために自分の一生を捧げて悔いなかった女たちの生《しょう》死《じ》の歴史が、業の風となって吹き舞うような独得の「女の天地」を生み出したのであろう。そういう天地の中から抜け出してきたような女性を見ると、男は「敵《かな》わないな」と思う。どうにも抵抗できないのである。

山本周五郎《やまもとしゅうごろう》は『日本婦道記』の中に「墨丸《すみまる》」という小説を書き、お石という女性を登場させている。お石は藩の重罪人の娘で孤児となり、五歳の年に鈴木平之丞《すずきへいのじょう》の家へ引き取られて来た。その時、平之丞十一歳である。色の黒い、みっともないような子であった。

お石は十三歳の年の春、ふと平之丞の部屋へ来て、彼が大事にしていた文鎮《ぶんちん》を貸してほしいといい、それを持っていった。

お石はやがて琴《こと》をある検校《けんぎょう》に学び、天稟《てんぴん》を発揮して、

「音楽をまなんで音を聞きわけることはやさしいが、音の前、音の後にあるものをつかむ

ことはなかなかむつかしいのです。お石どのはすらすらとそれをつかみなさる」と、検校が驚歎するほどの域に達するのである。

十七歳になったお石は、平之丞の眼をみはらせるほど美しくなった。そして、人の気づかないところ、眼につかぬところで、すべて表面よりは陰にかくれたところで、緻密《ちみつ》な丹念な心がよく生かされていることが、平之丞にわかってきた。下女に代わって風呂場の掃除をしたり、竈《かまど》の火を焚《た》いたり、下男といっしょに薪を割ったりすることは平之丞の母でさえ知らずにいた。料理も巧みで、粗末な材料からどんな高価なものかと思わせるようなものをこしらえたりした。ある時、茶菓子に稗団子《ひえだんご》を作ったが、うまくて平之丞はお代りさえした。しかもその稗は、百姓が抜き捨てたものを拾い集めて、自分で干し、自分で搗《つ》き、粉にひいて作ったものであった。

平之丞は真剣にお石に打ち込み、妻に迎えたいと思うようになった。そのことがお石に伝えられると、お石は急に琴で身を立てたいと言い出して、鈴木家を去った。

平之丞がお石を忘れるまでには、かなり長い時間がかかった。お石がいなくなってはじめて、彼女がどれほどなくてはならない存在だったかがわかったのである。「こんなに深く人の心にくいいりながら、あのようにみれんもなく去ってゆけるものだろうか」と平之丞は歎息さえもらしたりした。

こうして二十数年経った。五十歳の平之丞は、偶然なことから池鯉鮒《ちりゅう》の町外れの「八橋《やつはし》の古蹟」のあたりでお石にめぐりあうのである。

お石は平之丞を深く愛していた。しかし、十三の年に自分の身の上を知り、重い科《とが》を受けた罪人の娘が平之丞の妻になっては、いつどこで夫に迷惑がかかるかもしれぬと思い至って、平之丞を好くことをあきらめ、代わりに文鎮をもらったのであった。

「お好き申さない代わりに、あなたさまの大事にしていらっしゃる品を、生涯の守りにいただいて置きたかったのです」

平之丞は呻《うめ》いた。そして低頭するような思いで心のうちに呟くのである。

「なんというひとすじな心だろう。愛する者の将来に万一のことがあってはならぬ、その惧《おそ》れ一つでお石は自分の幸福を捨てた、今は年も長《た》けたし情熱もむかしのようではない。すなおに苦しゅうございましたと言うことができる。しかし、まだ世の波かぜに触れず、ひたむきな愛情が生きのいのちであったころ、どのようなおもいで自分の幸福をあきらめたことだろう。――自分では気づかないが、男はつねにこういう女性の心に支えられているのだ」

こういう女性の心を、私は「ふるさと」と呼びたいのである。お石は平凡な女性に見えた。しかし、平之丞がいったん見る眼を違えると、おどろくべき女性であることに、気づいてゆくのである。

ずっと昔、この小説を読んでから、女性を見る眼がすっかり変わってしまったような気がして、われながらびっくりしたことを、今もなおなつかしく思い出すのであるが、ふるさとというものはそういうものではあるまいか。あまりに深く、あまりになつかしいので、思い出すのさえかなしくなるようなところが、ふるさとにはある。

自分の住む町が父祖以来の町であり、父祖の愛した人々の眠る町であり、その町を自分が愛している時、人は、その町がいつまでも美しい町であれと祈り、その町に住む人がみな幸せであれと、すなおに、まっすぐに祈るようになる。そのような祈りにつつまれた町がふるさとなのである。そのような祈りに包みたくなるような人もまた、ふるさとなのである。

愛ゆえに、時として憎しみの燃えることもあろうが、それもまたいつかは大きな愛の中につつみこまれてゆく。

私の好きな遍歴放浪の詩僧山頭火《さんとうか》は、かつて自分が生まれ、育ち、豊かに暮らした山口県防府《ほうふ》の町に、貧しき乞食《こつじき》僧として帰って来た。そして雨の中を、はだしになって歩くのである。

雨ふるふるさとははだしで歩く

はだしで歩く男をあたたかくゆたかに包んでくれる光の環のような女性がふえていった

ら、この国ぜんたいが、ふるさとの町になるのではあるまいか。かつて、この国にはそういう時代があった。これからでも、ないとはいえぬのである。

輪廻転生

仏教には「輪廻転生」という考えかたがある。人の生は現在一度のものではなく、これまでにも何度か生まれてきており、これからもまた生まれてくることがあるという考えかたである。

この考えかたにも二つの型があって、一つは、人間は何度でも生まれかわってきて苦しまなくてはならぬ、という考えかたである。

しかし、もう一方では、輪廻があるからこそ人間は向上してゆけるのではないかという考えかたがある。生まれかわって人間に出てくるたびに努力して、菩薩《ぼさつ》の本願を実現することができるのではないか。もし人間の生が一度だけであったら、菩薩の修行をし、大ぜいの人を助けたいという願いをおこしても、それを永久に続けることはできないのではないか。

輪廻でも、一番最初の憎しみや悲しみを同じようにくり返している輪廻と、それを別なもっと明るいものに変えてゆく輪廻というものがあるのではないか。

自分の性格が暗く、他人と協調できず、閉鎖的で、排他的で、どんなに努力してもうまくゆかないという人は、そこに輪廻が影を落としていることを思うべきである。放っておけば、さらに輪廻は深いものとなるであろう。

それゆえ、どんなことがあっても、輪廻をこの生で終熄《しゅうそく》させようと決心すべきである。輪廻は暗く陰気なものゆえ、明るく力強いものにつとめて近づくべきである。心に一点、明るい輝きをともしておかねばならぬ。それにはまず、縁のある人を一人ずつ幸せにしてゆこうと決心し、行なわなくてはならぬ。輪廻の円環は、そこから外れてゆき、かわりに光の環がひろがってくるのである。

輪廻について考える時、どうしても見落とすことのできない人はアメリカのエドガー・ケーシーという人である。

この人のやったことは、ヴァージニア州にA・R・Eという協会があって、ケーシーの「リーディング」が全部保管されている。この人は自分が催眠状態になると、自分の前に立った人の前生までわかったという。彼がこうして読み取ったものを「リーディング」といい、その記録がすべて保管されているのである。

ケーシーのリーディングで有名なのは、小さい少女が精神病院に入れられて、医者がいくら治療しても治《なお》らない。それをケーシーが催眠状態に入ってみたところ、親知らずが歯ぐきの中に食い込んで、その痛みが精神分裂症そっくりの症状を起こしていることがわかった。歯医者へ連れていって、それを抜きとったら、たちまちその症状がなくなった。これでケーシーの名は一躍高くなった。

だからケーシーのリーディングは最初は病気の原因を見ることからはじまったのである。こういう意味で、人に見えないものが見えるというのなら、これは立派なことだと思う。

こうして大正十五年ごろから、ライフ・リーディングということをやりはじめるようになる。これが前生を読み取るということである。ケーシーが前生を読み取った例は実に二千五百人に上るという。これは精神分析医たちにとっては衝撃的な出来事であった。彼らが今までやらなかったことをケーシーがやっている。それは「年齢逆行」である。それも前生に遡《さかのぼ》る年齢逆行をやっている。これは従来、やってはいけないことになっていた。精神分析で年齢逆行できるのは生まれた時までで、それから先へ行くことはタブーであった。それをケーシーはやったのである。

しかし、これは禅宗ではすでにやっていたことで、「父母《ぶも》未《み》生《しょう》已《い》前《ぜん》の汝《なんじ》如何《いかん》」と問うたのがそれである。

唐代の禅僧百丈《ひゃくじょう》の弟子に潙山《いさん》と香厳《きょうげん》の二人がいた。潙山は牛のごとく、香厳は剃刀《かみそり》のごとくであった。百丈が死に、潙山がそのあとを嗣《つ》いだ。百丈が死んでも潙山は悠々としている。しかし香厳はそうはゆかない。困り果てて、ついに兄弟子の潙山のところへ来て、弟子にしてくれと頼んだ。潙山は承知しない。どうしてかと問われてこう答えた。

「おまえは百丈先師の会下《えか》にあって、一を聞けば十を知り、十を聞けば百を知る体《てい》の人であった。それがおまえの欠点である。そういう人間は弟子にはできない」

ふつうなら頭の回転の早い人間を自分の弟子にできることを喜ぶはずなのに、潙山はそうでなかった。

なお食い下がる香厳に対して潙山は、「それではわしの問いに答えられたら弟子にしよう」といって問うたのがこれである。

「父母未生巳前の汝如何」（おまえの父親母親から生まれて来る前の汝は何であったか）

香厳にはまるで見当もつかない。聞いたこと、書いてあることならなんでもわかっても、こういうことには手も足も出ない。教えてくれと泣くように頼んだが、潙山は教えない。教えると汝のために仇《あだ》となるといって教えなかったのである。

ついに香厳は山を逐《お》われ、南陽の慧忠《えちゅう》国師の草庵の跡に庵を立てて刻苦精励した。ある朝、庭掃除していて箒《ほうき》の先に当たった瓦のかけらが竹藪《たけやぶ》に飛びこんでカチンと鳴った時、さとりをひらいたという。このあと香厳は身を清め、香を焚《た》き、はるか潙山のほうを礼拝して、「あの時、あなたが教えてくださらなかったおかげで、今日大悟できました」とお礼申しあげた。こういう先例が東洋にはすでにあったのである。

ケーシーがこれをやり出してからアメリカでは大変な騒ぎになり、前生を主題にしたミュージカルまで上演されるほど、前生に対する興味が持たれるようになった。

私は、人の前生がどうであったかということをわかる人がいても別に特別な興味はない。

自分でわかりたいという気持ちもない。そんなことはどうでもいいのである。

ただ、ケーシーのやったことで、「業《ごう》」（カルマ）に対する考え方が、かなりはっきりしているのを興味深く思う。ケーシーは二千五百のリーディングを通して、こういう結論を出している。

「カルマには連続性と応答性がある」

どこまでも続いてゆくということ。一つのカルマは必ず次の結果をひき起こすということ。

「連続性という面から見ると、宇宙的理法や法則に反しない行動は、その効果が持続する傾向にある」

これが大変面白い。宇宙の理法に合った行動をしていると、その効果が持続するというのである。大ぜいの人を幸せにしたいと思ってある行動をすると、そこに非常にいい結果が出てくる。その結果が、また次々にいい結果を生み出すというふうに持続してゆくというのである。

「ある生涯で培《つちか》った能力や才能は、その後引き続いておこる生涯にも続いてゆく傾向にある」

前生で書が上手であれば、今生でも上手、前生でよくお経を誦《よ》んでいた人は、今生では習わなくても誦める。モーツァルトは習いもしないのに、いきなりピアノを弾き出したという。この生だけでは考えられぬことである。

「性格の特長や興味や態度が持続する」

父親や母親はまるで信心がないのに、突然変異のように信心深い子が生まれたりする。高尾の神護寺《じんごじ》に無数の仏さまを描いた大きな曼荼羅《まんだら》が下がっている。修学旅行の高校生が入ってきた時、大方の子はほとんど興味を示さない。「なんだいこりゃあ、ずいぶん手がこんでるなあ」という程度で通りすぎていってしまう。ところが、みんな出ていったあと、一人だけ戻ってきた女の子がいた。忘れものか？　と思って見ていると、曼荼羅の前に立ったまま動かない。お坊さまが近づいて見ると、彼女の頰《ほお》を涙が流れている。「どうして泣くのか？」と訊《たず》ねたら、「なぜだかわからないけど、これを見ていたら涙が出てとまらないんです」と答えた。

曼荼羅を見て涙をこぼすようなお坊さまが何人いるであろうか。この少女はたしかに、やんごとない真言宗の僧よりもはるかに宗教に密着している。とても、この生だけのことではないのである。

「カルマが発芽する（次の酬《むく》いを起こす）が、それが何代もわたって起きてこないことがある」

この世で悪いことをしたら来世に酬いが来るという。それが来世に来ない。その次の生も、その次の生も何ともない。五回目の生ぐらいになってバッと出て来ることがある。ケーシーはこれを「執行猶予」と呼んでいるが、この言い方は面白い。執行猶予されている間にまた悪いことをすると、爆発的に出て来るという。

「どんな人間でも魂は自由意志を持っている。ところがこの自由意志を、利己的な目的に使いすぎると、人間の自由意志は抑制されて働かなくなる」

せっかく人間に与えられた自由意志が、利己的にすぎる生き方をすると、働かなくなってしまうという。そうすると今度は、カルマに押し流されっ放しになってしまうというのである。

また、美しい人についてのケーシーのリーディングは、われわれに深く考えさせる。ある非常に美しい夫人はケーシーから、前生で英国人だった時、捨子の世話をしたことを教えられ、「このような子供たちの肉体や心や魂の世話をする仕事に献身した結果、現在の美を所有するようになったのだ」と告げられている。その他、前生で音楽と舞踊に専心したり、肉体の美容に力をつくしたりした結果が、美人となって現れて来ているという。いずれもそれは、献身・奉仕・芸術・肉体に愛を傾けていることであり、憎しみを捨て、愛を注ぐことが、どんなによい酬いを現すかということを示しているのである。

この愛と憎しみについて、ケーシーのリーディングを全世界に紹介して歩き、日本にも二度来たことのあるジナ・サーミナラ女史は、英国の詩人コールリッジの「老水夫行」の詩を引用して鮮やかに解説を加えている。

ある水夫が、仲の良かった海鳥を何の必要もないのに残酷に殺してしまい、超自然的な力によって恐ろしい刑罰を受ける。仲間の水夫たちは皆死んでしまい、船は海のまん中で凪《なぎ》によって動かなくなる。七日七夜の間、船に群がって来た気持ちの悪い海の生物に取り巻かれる。水夫は助けてくださいと神に祈るが、祈りは聞かれない。最後に、孤独と恐怖にさいなまれながら、ふと海蛇に眼をとめる。そして生まれてはじめて海蛇たちが奇妙な美しさに輝いていることに気づくのである。

この時、水夫の心に愛が泉のごとく奔《ほとばし》った。水夫は突然、説明のできない発作にかられて、海蛇を、またそれがこの世に存在することを祝福する。その瞬間、水夫の身を縛っていた呪いが解けはじめる。祈るとは愛することだという、眼の眩むような悟りが水夫の全身を貫く。

その詩の最後はこういうふうになっている。

人と鳥とけものとをこよなく愛す
その人はこれぞ祈りの人なるか
生きとし生けるもののすべて
神の業界の命なれば
よろずのものをいつくしむ
神の心を旨として

こよなく愛するその人の
祈りは天にとどくかな

業《ごう》の酬《むく》いを変えられるのは愛だけだということになる。祈るということは愛することなのである。大ぜいの人々が幸せであれと祈る心を人間なら誰でも持っている。これは人間を超えた大いなるものの願いであって、それをわれわれに訴えかけ、促しているから、われわれはそういう気持ちになる。

そういう願い、祈りは、愛のことばになって現れる。いつか家内が庭を掃除している時、枝からぶら下がった蜘蛛《くも》に向かって独り言のように話しかけているのを偶然聞いて、女性というものはやさしいものだなあと思ったことがある。家内はこう言っていた。

「おまえはどうして蜘蛛なんかに生まれたの。人にいやがられたりしてさ、かわいそうにねえ、この次、生まれてくる時は蜘蛛なんかに生まれてこないようになさいよ」

そう言いながら、そっと蜘蛛の巣を払っていたのである。こういう声は蜘蛛にも聞こえるのではあるまいか。

薬師寺の橋本《はしもと》凝胤《ぎょういん》長老は、松に毛虫がついていても、殺虫剤を使うとひどく怒られるそうである。

「命があるのになんで殺すか」といわれる。あの方がいられると、あのへんの松はみな枯れるそうである。高田好胤《たかだこういん》管長が笑うのである。「薬師寺の松の毛虫退治しよう思たら、たいへんですわ、長老がおらん時でないとでけへんのですからねえ」。

凝胤長老は頑固おやじで有名であるが、あの頑固一徹な長老の心の奥に燃えているのは、「いのちあるものみな幸せであれ」という祈りであり、愛である。祈りとは愛することであるということを生活の中でちゃんと把捉し実践しておられるのである。

祈るということは、愛することである。それも、生きとし生けるものすべてを愛することである。いとわしいもの、憎んでいるもの、自分を苦しめているものさえ愛することである。

病気でさえも愛することである。長い病いに苦しんでいる時、「神さま、仏さま、私の病いを治してください」というのでは祈りにならない。病いというものは、ただ肉体が病むということではない。それによって神さまや仏さまが何かを教えてくださっている。

人間を超えた力が人に何かを啓示しようとする時、ある人には精神的苦痛により、ある人には肉体的な苦痛によってそれを教えようとする。精神的苦痛で教えられるより肉体的苦痛で教えられるほうがずっと負担は軽い。軽いだけに、何かを教えられているということに気づく人が少なく、ただ病いをいやがり、歎き、かこつだけに終わってしまうのである。それではだめで、病いに感謝するということがなくてはならない。

東北の詩人村上昭夫《むらかみあきお》は、自分自身も長く肺を病み、結局その病いで死んだが、彼にはその病いをいとうというふうがなかった。病いに感謝し、病いの中から「動物哀歌」という絶唱を生んだ。哀歌といっても哀《かな》しんでいるのではない。人間が人間以外の動物の心を知らなすぎるのを歎き、あらゆるものへの愛がなくてはならぬことを歌った祈りの詩である。その中に病いの詩がある。

病い

病んで光よりも早いものを知った
病んで金剛石よりも固いものを知った
病んで
花よりも美しいものを知った
病んで
海よりも遠い過去を知った
病んでまた
その海よりも遠い未来を知った

病いは

金剛石よりも十倍も固い金剛石なのだ
病いは
花よりも百倍も華麗な花なのだ
病いは
光よりも千倍も速い光なのだ

病いはおそらく
一千億光年以上の
ひとつの宇宙なのだ

病んでこんな詩が歌える人はまれである。これこそ祈りなのである。祈りは詩となる。人をして祈らしめ、歌わしめるものは愛である。その愛が人を輪廻から解放し、人のまわりに光の環を生ぜしめ、その光の環の中に入って来る者の眼をして開かしめるのである。

生きることの下手な人間の魂の底にあるこの愛によって、光の環をいよいよ大きくしてゆきたいと思う。輪廻することによってその人がいよいよ美しくなり、さわやかになり、光の環もまた大きくなり、そのまわりの人々が幸せになるとすれば、輪廻もまた楽しいことではあるまいか。

本書は、１９７４年8月に光文社より刊行された『生きるのが下手な人へ』を再編集したものです。

なお、本文および引用文中、現代の観点からみると差別的ともとれる表現が含まれていますが、時代背景や、著者に差別的な意識がないことなどを鑑み、おおむね発表時のままといたしました。

読者の皆様にご理解いただけますと幸いです。

紀野一義（きの　かずよし）
１９２２年、山口県萩市北古萩の妙蓮寺に生まれる。
旧制広島高校から東京大学文学部印度哲学科に入学。
１９４３年12月、学徒動員にて広島五師団工兵連隊に入隊。
将校任官後南方の戦地に向かう。
出征中、広島原爆にて家族すべてを喪い、財を失う。
１９４６年２月、中国軍の捕虜から解放され帰国。
１９４８年、東京大学卒業。
宝仙短大学長を経て、正眼短大副学長。
在家仏教団体真如会主幹として
仏教文化の啓蒙運動に挺身した。
２０１３年没。

生きるのが下手な人へ　世渡り下手だけがもつ魅力

２０２０年 10月 13日　第1刷発行

著者　紀野一義
装丁　吉田考宏
イラスト　とんぼせんせい
校閲　鷗来堂
編集　臼杵秀之

発行者　山本周嗣
発行所　株式会社文響社
〒１０５-０００１
東京都港区虎ノ門２-２-５　共同通信会館９Ｆ
ホームページ　http://bunkyosha.com
お問い合わせ　info@bunkyosha.com

印刷・製本　中央精版印刷株式会社
日本ハイコム株式会社

ＩＳＢＮコード　978-4-86651-301-0　Printed in JAPAN
この本に関するご意見・ご感想をお寄せいただく場合は、
郵送またはメール(info@bunkyosha.com)にてお送りください。